Andreas Fischerauer

ESSIG
SELBST GEMACHT

Gär- & Kräuteressig
Senf

3., überarbeitete Auflage

LEOPOLD STOCKER VERLAG
GRAZ – STUTTGART

Umschlaggestaltung: Gabi Schneider, Graz
Umschlagfoto: Foto Tropper, Graz
Fotos im Textteil: Andreas Fischerauer, Walter Gaigg
Die Graphiken im Text wurden dem Verlag freundlicherweise vom Autor zur Verfügung gestellt.

ISBN 3-7020-0755-5
Printed in Austria
Druck: Druckerei Theiss GmbH, A-9400 Wolfsberg

EINLEITUNG

Was ist Essig?

Jahrzehntelang war Essig in vielen Betrieben nur ein Zufallsprodukt. Und wenn er gezielt hergestellt wurde, so gelang seine Qualität manchmal hervorragend, und dann wieder wollte und wollte er nicht sauer werden. Infolge mangelnden Wissens bezüglich Bakterien und Gärung war die Essigerzeugung nur sehr schwer in den Griff zu bekommen. Essig als Gärungsprodukt aus einer alkoholischen Flüssigkeit benötigt vor der zweiten Vergärung schon einen gewissen Grundgehalt an Alkohol, damit die Essigbakterien überhaupt zu arbeiten beginnen können.

Dieser richtig vergorene Essig enthält so gut wie keinen Restalkohol mehr, schmeckt vorwiegend sauer und ist aus unserem Leben fast nicht mehr wegzudenken, da mit ihm viele Speisen geschmacklich verfeinert werden.

GESCHICHTE DER ESSIGBEREITUNG

Sie ist älter als die Menschheitsgeschichte, zumal es sich bei der Essiggärung um einen rein biologischen Vorgang handelt. Spuren von Essig wurden auf Gefäßen gefunden, wie sie die alten Ägypter und Chinesen verwendeten. Wir kennen Gefäße aus 6000 v. Chr., in denen noch Reste von Essig nachweisbar waren. 2000 Jahre später gibt es Überlieferungen aus Mesopotamien, in denen von „saurem Bier" die Rede ist. Dieses Produkt, von den Ägyptern „Hequa" genannt, wurde aus Gerste gebraut und durch den Essigstich sauer. Später entdeckte der Mensch Essig als Konservierungsmittel und Heilgetränk. Die Babylonier legten ihre Jagdbeute in Essig ein, damit sie länger haltbar blieb, damit aber auch Unreinheiten – im symbolischen Sinn – entfernt wurden. Bereits in der frühen Menschheitsgeschichte war die heilende und desinfizierende Wirkung von Essig bekannt; in alten Schriften und Aufzeichnungen wird Essig als Lebenselixier bezeichnet, dessen Geruch die Lebensgeister wieder in Schwung bringt. Essig findet auch schon im Alten Testament, in den Sprüchen Salomons, Erwähnung: *Wie Essig für die Zähne und Rauch für die Augen, ist der Faule für den, der ihn schickt* (Erste Salomonische Spruchsammlung 10,26).

Im Buch Ruth wird in Essig getauchtes Brot erwähnt. Somit ist erwiesen, daß Essig bereits damals – bis in die Gegenwart hinein – als Getränk angesehen wurde (und großteils auch noch wird).

Schon in der Antike wurde Essig, vor allem im Orient und im Mittelmeerraum, mit Kräutern und Gewürzen versehen, um ihm als Getränk einen besseren Geschmack zu verleihen. Diese Kräuter-Essig-Mischungen wurden entweder mit Brot oder gleich als Getränk konsumiert. Oft wurden auch Fruchtsäfte oder verschiedene wohlriechende Öle als Zutaten zum Essig verwendet; das Getränk „Posca" etwa war eine Mischung aus Wasser und Essig. Diese Variante findet sich auch in der römischen Geschichte: sie sollte besonders den Kriegern Kräfte und Gesundheit bringen. Die Legionäre mußten

„Posca" als Desinfektionsmittel und Durstlöscher täglich trinken. „Posca" wurde auch
Jesus am Kreuz verabreicht. Essig als Getränk ist für uns Menschen von heute vielleicht
etwas schwer vorstellbar, doch war es auch hierzulande bis nach dem Ersten Weltkrieg
üblich, Wasser-Essig-Mischungen zu sich zu nehmen. Einige Überlieferungen nennen
als Mittel gegen den Durst eine Mischung aus gekochtem Apfelsaft mit Essig. Dieses
Getränk wird noch heute in einigen Regionen Osteuropas getrunken. Fässer wurden,
sofern sie nicht mit Harz ausgekleidet waren (wie es heute noch beim „Retsina" in
Griechenland üblich ist), immer wieder mit Essig gereinigt. PLINIUS d. Ä. berichtet sogar, daß Fässer, in denen sich zuvor Essig befunden hatte, besseren Wein ergaben.
(Diese Variante ist für unsere Qualitätsweine freilich nicht zu empfehlen!)
Er wußte auch zu berichten, daß sauer gewordener Wein keinen guten Essig ergibt,
sondern nur ein schales Getränk, welches wie Essig mit Lauge schmeckt. Im alten Rom
wurde der Großteil des Essigs aus Wein hergestellt, da es andere Fruchtweine, wie wir
sie heute kennen, noch nicht gab. Deshalb gibt es in Italien auch heute noch vorwiegend Weinessig. L. J. M. COLUMELLA, der bedeutendste Ackerbauschriftsteller des
ersten nachchristlichen Jahrhunderts, berichtete in seinem Werk „De re rustica" sehr
ausführlich über die Möglichkeiten, Essig herzustellen. Seine Ausgangsprodukte waren Wein, Feigen und Gerste.
Besonders bei ärmeren Familien konnte Essig oft Wunder wirken, sei es bei der Zubereitung der verschiedensten Speisen, die er schon in geringsten Mengen verbesserte,
oder als Desinfektionsmittel bei offenen Wunden zur Verhinderung des damals beinah
immer tödlichen Wundbrands. Im Imperium Romanum wurde Essig aber auch als Reinigungsmittel für Behälter verwendet, die der Aufbewahrung von Lebensmitteln dien-
ten. Die Geschichtsschreiber berichten auch von einem blühenden Handel mit Essig und
von den vielen verschiedenen Essigarten; besonders der ägyptische Essig, eine Art Malzessig, war sehr beliebt. Die Römer erkannten auch die konservierende Wirkung von Essig: diverse Gemüsearten, Fische und Muscheln, aber auch Eier wurden in die „saure
Würze" eingelegt. Nicht selten wurde der Rückstand mit Öl, Zwiebeln, Mehl, Gewürzen
und Honig aufgekocht und entweder als Sauce oder als Getränk serviert.
Im Mittelalter diente Essig vorwiegend der Desinfektion. Mit ihm wurde der menschliche Körper verschiedensten Einreibungen unterzogen. Auch Behälter und Geräte,
wie sie in der Medizin Verwendung fanden, wurden mit Essig gereinigt. Jahrhunder-
telang wollten die Mediziner viele Krankheiten mit Essig heilen bzw. die An-
steckungsgefahr bannen. Noch im 18. Jahrhundert versuchte man der Pest mit Essig
beizukommen. Abgesehen davon genoß man mit größtem Behagen mit Essig versetzte
Speisen. Vor allem das Einlegen von Gemüse in Essig und die Herstellung raffinierter
Marinaden für Salate war im Frankreich der damaligen Zeit sehr beliebt. Der Verkauf
von Essig erfolgte direkt ab Straße, mittels sogenannter Essigkarren, auf denen die jeweiligen Fässer mit unterschiedlichem Säuregehalt standen. Der Verkauf florierte der-
maßen, daß bereits im 16. Jahrhundert die ersten Steuern für Produkte mit oder aus
Essig eingehoben wurden.

Damals begann sich auch die Forschung für das Entstehen von Essig zu interessieren. Die Wissenschaft erkannte, daß aus dem Alkohol und der Säure des Weines Essigsäure entsteht, nachdem sich der Alkohol verflüchtigt und die Weinsäure zu Essigsäure verwandelt hat. Der französische Chemiker Antoine-Laurent DE LAVOISIER (1743–1794) entdeckte, daß Luft – beziehungsweise Sauerstoff – für die Entstehung von Essig unbedingt notwendig ist. Der englische Chemiker Sir Humphrey DAVY (1778–1829) fand schließlich die chemische Gleichung für diesen Prozeß, dessen Ursache er noch nicht genau definieren konnte; seine Thesen stützten sich auf einen chemisch-elektrischen Prozeß im Zusammenhang mit der Stickstoffumwandlung durch Sauerstoff. Allerdings vermutete er bereits, daß an dieser Umwandlung Bakterien beteiligt sein könnten. Seine Entdeckung gilt als wegweisend, da er als erster erkannt hatte, daß aus Alkohol Essigsäure als Gärungsprodukt entsteht.

Erst der Franzose Louis PASTEUR (1822–1895), der Vater der Mikrobiologie, bewies, daß Bakterien den Essig machen. Sie leben an der Oberfläche des Weines und benötigen Sauerstoff. Pasteur entdeckte auch, daß sich diese Bakterien zu einer festen Haut zusammenfügen. Die wissenschaftliche Erkenntnis, daß Bakterien am Entstehen von Essig maßgebend beteiligt sind, hielt die Bevölkerung vom Konsum und der Anwendung des Essigs in Medizin und Volksheilkunde nicht ab. Wie aus der Literatur hervorgeht, sollen sogar die „Riechsalzfläschchen" jener feinen Damen, die sich durch Ohnmacht kleinen Problemen entzogen, manchmal mit Essig gefüllt gewesen sein. Im allgemeinen bestand „Riechsalz" jedoch aus Ammonium- und Kaliumcarbonatkristallen, die mit ätherischen Ölen vermengt waren.

Auch die moderne Hausmedizin kennt den Essig als Heilmittel: Vielen von Ihnen werden Essigwickel zur Fiebersenkung sowie das Inhalieren mit Essigwasser gegen Husten bekannt sein.

Erst in unserem Jahrhundert wurde mit der Herstellung der unterschiedlichen Essigarten, insbesondere von Gewürzessigen, aber auch von Spritessig aus Alkohol und anderen hochprozentigen Essigarten zum Strecken von gutem Essig begonnen. Heute unterscheiden wir verschiedene Gruppen von Essig, wobei nur die besten Produkte in unsere Küchen Eingang finden sollten, weniger hochwertige Essige können zum Einlegen von Früchten verwendet werden. Trotz dieser langjährigen Erfahrungen ist hierzulande bei den meisten bäuerlichen Betrieben nur ein sehr geringes Wissen über die Essigbereitung feststellbar. Dies findet in der Technologie seinen Niederschlag, die nicht selten aus dem vergangenen Jahrhundert stammt. Innovativere Betriebe, die mit Gärständern arbeiten, bedienen sich aber auch noch immer einer Technologie, die bereits um 1930 beschrieben wurde.

VERWENDUNGSMÖGLICHKEITEN VON ESSIG

Essig als Speisewürze

Essig als Speisewürze finden wir in vielen Bereichen unserer Nahrung. Früher war dies verhältnismäßig einfach, da nur wenige Essigsorten angeboten wurden. Hauptaufgabe des Essigs war es, Speisen nur sauer zu machen. In den wenigen Fällen, in denen Essig eine Verbesserung des Geschmacks mit sich bringen sollte, wurde er mit Gewürzen versetzt. In einem gut bestückten Feinkostladen können wir heute freilich zwischen etlichen Geschmacksrichtungen und Essigarten aus vielen Ländern wählen. Dies erschwert zwar die Auswahl, bietet der modernen Küche aber neue Möglichkeiten. Besonders deutlich läßt sich dies beim Salat feststellen, der ohne Essig doch nur halbfertig erscheint. Salate ohne Essig, etwa mit Zitronensäure gewürzt, lassen den feinen Ton und die vollständige Abrundung vermissen. Jeder Essig eröffnet bei ein und demselben Salat völlig neue Geschmacksrichtungen. Die verschiedenen Fruchtessige bieten auch noch die Möglichkeit, den Salat mit den unterschiedlichsten Aromen zu versetzen. Somit stehen heute dem Profikoch, aber auch dem Hobbyküchenchef unendlich viele Variationsmöglichkeiten offen. Wird Essig schließlich als Dressing verwendet, so ergeben sich die herrlichsten Feinheiten.
Doch nicht nur für die Herstellung wohlschmeckender Salate ist Essig von großer Wichtigkeit. Etliche Speisen, wie wir sie kennen, wären ohne Essig nicht das, was wir erwarten. Was zum Beispiel wäre ein Gulasch ohne die harmonische Würze eines wohlschmeckenden Essigs? Auch Mayonnaise, Senf (Mostrich), Ketchup und Chutney sowie viele andere Zuspeisen könnten ohne Essig nicht bestehen. So ließen sich viele Speisen aufzählen, bei denen Essig als Grundwürzmittel notwendig ist. Es würde uns fehlen, könnten wir nicht unsere eingelegten sauren Gemüsevariationen im Winter verzehren (doch darüber in einem eigenen Kapitel).
Essig dient nicht nur als Mittel der Verfeinerung für salzige oder säuerliche, sondern auch für eine der typischsten österreichischen Süßspeisen: Wie würde wohl ein Teig für einen Apfelstrudel ohne einen Schuß Essig schmecken?

Essig als Reinigungsmittel

Erst in den letzten Jahren hat Essig als Reinigungsmittel wieder Bedeutung erlangt. Durch die chemische Industrie, die uns in der Hygiene lange Jahre mit hervorragenden chemischen Wirkstoffen unterstützt hat, geriet Essig als Putzhilfe in Vergessenheit. Infolge eines erhöhten Umweltbewußtseins, aber auch unserer Gesundheit zuliebe, kam es in letzter Zeit zu einer ökologischen Trendumkehr, so daß Essig seine Bedeutung als Reinigungsmittel wieder zurück erhielt. Dies vor allem auch deshalb, weil die chemische Industrie Essig in ihrer Werbung verstärkt anpreist. Er gilt als Reinigungsmittel, wo andere Möglichkeiten längst versagt haben. Besonders im WC – jenem Bereich, in dem wir die meisten chemischen Reiniger einsetzen – ist Essig von großer Effektivität. Die meisten Reiniger im Sanitärbereich, wo Kalkränder zum Verschwinden gebracht werden sollen, können durch Essig ersetzt werden. Gleichzeitig werden durch Essigsäure etliche Bakterien bekämpft. Bäuerliche Betriebe, die keinen Schnaps selber brennen und somit keinen Vorlauf für die Fensterreinigung haben, verwenden Essig ebenfalls als Putzmittel. Auch kann glatten Flächen, aber auch Holzböden mit etwas Essig zu neuem Glanz verholfen werden; von der desinfizierenden Wirkung ganz zu schweigen. Essig bekämpft aber auch die meisten Flecken in einem Haushalt und hilft so mit, die Natur zu schonen.

Auch seine Wirkung als Weichspüler soll nicht unerwähnt bleiben. Indem Essig die Härtebildner des Wassers bindet, wird die Wäsche weich; Essig ersetzt somit oft teure Weichspüler. Gleichzeitig entfernt er aber auch Fremdgerüche, ohne daß er selbst in der Kleidung verbleibt. Dadurch können Sie jederzeit in mit Essig gereinigter Wäsche in der Öffentlichkeit auftreten – Sie werden ganz gewiß nicht „säuerln".

Abgesehen von der Reinigung von Räumen und Wäsche durch Essig, findet dieser auch am menschlichen Körper in vielen Fällen Anwendung. Vor allem gegen störende Fettverbindungen der menschlichen Haut und Haare kommt Essig in der Volkskosmetik zum Einsatz.

Essig als Medizin

Da Essig schon seit Jahrhunderten in der Medizin verwendet wird, sollen hier nur kurz dessen Auswirkungen erläutert werden.

Die meisten Lebewesen produzieren in ihrem Körper selbst Essigsäure – eine Erkenntnis, die dem Biochemiker Hans A. KREBS 1953 den Nobelpreis für Medizin einbrachte. Er konnte beweisen, daß in beinahe allen körperlichen Vorgängen als Zwischenprodukt immer wieder Essigsaure entsteht.

Der Konsum von Essig wirkt auf den menschlichen Stoffwechsel anregend, vor allem appetitsteigernd, was bei sauren Vorspeisen besonders offensichtlich ist. Die Essigsäure regt die Sekretion der Speicheldrüse an; diese reagiert mit erhöhtem Speichelfluß. Somit kommt es bereits vom Mund weg zur besseren Verdauung. Essigsäure wirkt verstärkt auf den Abbau von Fetten und Kohlehydraten ein; sie ist für diese Vorgänge sogar unabdingbar und wird vom menschlichen Körper selbst produziert.

Die natürlichen Eigenschaften des Essigs beleben vor allem den Organismus. Wegen seiner Inhaltsstoffe wirkt er nicht nur vorbeugend, sondern hilft auch bei vielen Krankheiten. In der Volksmedizin ist besonders seine fiebersenkende Wirkung bekannt, doch können Hautpilze ebenfalls mit Essig behandelt werden. Essigsaure Tonerde bei Verstauchungen und Blutergüssen ist vielen Sportlern ein Begriff.

KLEINE ESSIGKUNDE

Viele Menschen, die Interesse an natürlichen Vorgängen haben, wollen aus selbsterzeugtem Wein oder Obstwein schmackhaften und fruchtigen Essig für den Eigenbedarf produzieren. Falls es sich dabei um nur geringe Mengen handelt, sind die dafür notwendigen Investitionen oftmals nicht gerechtfertigt. Doch auch für den Hausgebrauch kann, bei genauem und reinlichem Vorgehen, guter Essig hergestellt werden. Dafür eignen sich Glasballons ab einer Größe von 5 Liter sehr gut, so daß nur wenig Gerätschaft angeschafft werden muß. Somit können auch Weine, die zwar noch trinkbar, aber nicht mehr hervorragend sind, zu eigenem Essig verarbeitet werden. Unsere kleine Essigkunde versucht kurz und prägnant, die wichtigsten Arbeitsschritte sowie die Besonderheiten der Essigbereitung zusammenzufassen und zu erläutern.

WELCHE ESSIGARTEN GIBT ES?

Im Rahmen der Kleinproduktion unterscheiden wir zwischen Gär- und Ansatzessig.

Gäressig

Gäressig entsteht durch eine Essiggärung aus einer alkoholhältigen Flüssigkeit. Diese kann ein guter Obstwein aus Äpfeln, Birnen, Kirschen oder anderem Obst oder ein guter Wein sein. Wichtig ist prinzipiell ein fehlerfreies Ausgangsprodukt, denn aus einem fehlerhaften kann kein guter Gäressig entstehen. Der fertige Essig schmeckt nämlich überwiegend nach dem Ausgangsprodukt: Apfelessig nach Apfelmost oder Rotweinessig nach Rotwein.

Ansatzessig

Ansatzessig – im Hauskeller wahrscheinlich häufiger zu finden – ist die einfachste Möglichkeit, guten, anders schmeckenden Essig zu erhalten. Dabei wird ein bereits fertiger Essig mit Zusatzstoffen versetzt, die ihm einen völlig neuen Geschmack verleihen. Die Geschmacksänderung kann auch ganz dezent erfolgen. Wir unterscheiden zwei Gruppen:

Ansatzessig mit Aroma: Bei diesem wird ein möglichst neutral schmeckender Essig, wie Weißwein- oder Apfelessig, mit einem neuen Aroma und einer neuen Farbe versetzt. Die Veränderung erfolgt durch Zugabe von diversen natürlichen Geschmacksträgern. Der breiten Palette stehen keine Schranken im Weg, so daß vom Apfel bis zur Zimtrinde alle Geschmacksrichtungen vorkommen können (siehe *Rezeptteil*). Sehr beliebt sind die verschiedenen Fruchtaromen, da sie dem Essig neben einem verfeinerten Geschmack auch eine neue Farbe verleihen.

Ansatzessig mit Kräutern: Kräuteressig ist bereits recht häufig auf vielen Märkten zu finden. Diese schon sehr lange praktizierte Form der Aromatisierung geschieht ebenfalls wie bei der zuvor beschriebenen Art durch Ansetzen von Geschmacksträgern. Dabei werden gartenfrische Kräuter für eine bestimmte Zeit mit Essig übergossen und nach einer bestimmten Standzeit wieder abgeseiht. Der Essig nimmt dabei den Geruch und den Geschmack der Kräuter an, und es entsteht dadurch ein neues Produkt. Ansatzessig, in dem noch Kräuter enthalten sind, eignet sich auch sehr gut als Geschenk, das aus dem eigenen Keller stammt.

WIE ENTSTEHT ESSIG?

Essig ist ein absolut natürliches Produkt, das überall in der Natur vorkommt. Dabei werden, wie erwähnt, alkoholische Verbindungen durch natürlich vorkommende Bakterien zu Essigsäure umgewandelt. Bei einigen Verfahren werden die Bakterien durch Bildung einer Haut, der sogenannten „Essigmutter", an der Oberfläche sichtbar.
Bei der Essigsäuregärung entsteht aus einem Volumprozent Alkohol etwa ein Prozent Essigsäure, was für das Schätzen des Säuregehaltes im entstehenden Essig wichtig ist. Je alkoholischer das Ausgangsprodukt ist, desto saurer wird der fertige Essig sein.
Essig entsteht oftmals ohne unser Zutun; damit er aber auch gut wird, sollte bei einem Bekannten, der bereits Essig produziert, eine kleine Menge gekauft werden, damit bereits eine gewisse Menge an Bakterien von Beginn an dabei ist. Dadurch wird aus dem Alkohol rascher Essig. Beinahe alle Bakterien lieben die Wärme, so auch unsere Essigbakterien. Damit sie sich ideal vermehren können und der Essig einen guten Geschmack bekommt, sollten wir möglichst immer eine Temperatur von etwa 25° C halten.

WAS IST BEI DER ESSIGBEREITUNG IM HAUSHALT ZU BEACHTEN, UND WIE SOLLTE DABEI VORGEGANGEN WERDEN?

Vor der Gärung
- Das Ausgangsprodukt muß fehlerfrei sein und sollte keinen Fremdgeschmack aufweisen, damit der Geschmack des Essigs nicht beeinflußt wird.
- Behälter, in denen Essig hergestellt wird, müssen sauber und lebensmittelecht sein. Behälter aus Kunststoff sind nicht immer säurebeständig. Am besten eignen sich Holzfässer und Glasflaschen ab einer Füllmenge von fünf Liter.
- Der Behälter wird zu zwei Drittel mit Most oder Wein gefüllt und dann mit etwa einem halben Liter trübem Essig, der bereits gärt, versetzt, damit der Most oder Wein schnell zu gären beginnt und nicht verdirbt.

Die Essiggärung
- Die Gärung sollte bei einer Temperatur von mindestens 25° C erfolgen, denn bei die-

ser Temperatur vergärt der Most sehr schnell zu Essig. Die beste Jahreszeit für die Essigbereitung ist daher der Sommer, wobei aber immer darauf zu achten ist, daß der gärende, halbfertige Essig nie in der Sonne steht und vor Insekten geschützt ist.

- Während der Gärung ist das Einbringen von Luft notwendig, da für die Gärung Sauerstoff benötigt wird. Kommt zuwenig Sauerstoff dazu, sterben die Bakterien ab, und es findet keine Essigsäuregärung statt. Die Sauerstoffeinbringung kann entweder durch ein kurzes Öffnen und anschließendes Schütteln des Behälters erfolgen oder durch eine kleine Pumpe. Sehr gut eignen sich dafür Aquarienpumpen, da sie die Luft in der Flüssigkeit durch einen Verteiler ausstoßen. Außerdem halten sie dadurch auch die Flüssigkeit in Bewegung und beschleunigen so den Gärungsprozeß.

- Sobald der Essig den gewünschten Geschmack aufweist, wird er – bis auf einen kleinen Rest, etwa ein Drittel – aus dem Behälter genommen und dieser dann neuerlich mit Most oder Wein, der vorher auf die Hälfte verdünnt wurde, befüllt, damit die Essigbakterien nicht absterben. Sollte einmal kein Essig benötigt werden, so wird etwas alkoholhaltige Flüssigkeit eingefüllt und bei unter 10° C gelagert, denn bei dieser Temperatur sterben die Bakterien nicht ab, sie verarbeiten aber auch den Alkohol nicht.

Nach der Gärung

- Der nunmehr fertige Essig wird noch etwa zwei Wochen lang gelagert, damit der restliche Alkohol vergären kann. Dadurch wird der Essig noch runder, so daß er harmonischer schmeckt.

- Dann wird der Essig geklärt, damit in der Flasche an der Oberfläche keine „Haut" entsteht. Zur Klärung verwendet man feine Filter, wie sie auch in Labors verwendet werden, bzw. besonders gut eignen sich Faltenfilter; diese sind in Drogerien erhältlich. Etwas größere Mengen können auch mit kleinen Schnapsfiltern filtriert werden. Diese Investition ist allerdings nur dann sinnvoll, wenn der Filter öfter verwendet wird.

- Die vorhin erwähnte Haut kann auch durch Erhitzen des Essigs auf 60° C und eine anschließende Filtration verhindert werden. Diese Methode empfiehlt sich allerdings nur bei Essig, der später zum Ansetzen verwendet wird, denn durch die Hitzeeinwirkung verändert sich der Geschmack etwas.

Die Flaschenfüllung

- Fertiger und geklärter Essig sollte immer in Flaschen gelagert werden, wobei besonders darauf zu achten ist, daß die Flaschen voll sind. Der Essig kann entweder warm abgefüllt werden, dabei entsteht in der Flasche immer ein Satz, oder kalt, was die einfachere Methode ist und außerdem auch den Geschmack des Essigs nicht beeinträchtigt.

- Die Flaschen müssen vor der Befüllung sauber gewaschen und dann ausgetrocknet werden. Als Reinigungsmittel kann man die üblichen Geschirrspülmittel ver-

Verschiedene Kräuter und Früchte geben dem Ansatzessig unterschiedlichen Geschmack und Farbe

wenden. Wichtig ist, daß die Flaschen mit heißem Wasser gespült werden, damit eventuell vorhandene Schimmelpilze und unerwünschte Bakterien abgetötet werden.

- Die Abfüllung kann mittels Schlauch oder durch einfache Füller erfolgen. Sehr gut eignen sich dafür kleine Vakuumfüller, die zusammen mit kleinen Schnapsfiltern verwendet werden können. Auch hier gilt, daß eine Anschaffung dieser Filter nur dann wirtschaftlich sinnvoll ist, wenn wenigstens einmal jährlich Essig produziert wird.
- Die Flaschen müssen möglichst voll gefüllt werden, denn auch dadurch wird eine Hautbildung an der Oberfläche verhindert.
- Der fertige Essig wird in einem dunklen Raum kühl gelagert, damit sich Farbe und Geschmack nicht verändern.

GRUNDLAGEN DER ESSIGBEREITUNG

Wer qualitativ hochwertigen Essig erzeugen will, muß über die chemischen Vorgänge während des Gärungsprozesses Bescheid wissen und Kenntnisse in Mikrobiologie haben.

WAS IST ZU BEACHTEN?

Wissen um die Lebensbedingungen der Organismen

Dieses ist besonders wichtig für die Vorbehandlung der Rohstoffe und für die Gärführung, egal, ob Essig- oder alkoholische Gärung.

Die speziellen Eigenschaften und Milieuanforderungen der Hefen (bei der alkoholischen Gärung) und der Bakterien (bei der Essigsäuregärung) muß man kennen, damit man ein qualitativ hochwertiges Produkt erhält. Denn nur unter besten Voraussetzungen ist eine wirklich vollständige Vergärung möglich.

Verhinderung von Schädlingsbefall und Verderb

Alle unvergorenen Zwischenprodukte sind nicht nur für Hefen, sondern auch für viele andere Mikroorganismen geeignete Lebensräume. Um Qualitätsbeeinträchtigungen zu vermeiden, muß das Aufkommen von „Schädlingen" verhindert werden. Dazu muß man die Lebensbedingungen der Bakterien und Schimmelpilze kennen. Bereits durch einfachste Maßnahmen, wie Erhitzen oder Kühlen, erzielt man einwandfreie Produkte. Wichtig ist auch das Zuführen von Luft (Sauerstoff).

Sauberhalten der Betriebsräume und Anlagen

Die Reinigung und Desinfektion der Betriebsräume und Anlagen wird nur dann effektiv sein, wenn die Verursacher der Verschmutzung erkannt werden. Gleichzeitig wird damit auch eine Schädigung des Produktes (Essig) verhindert. Sauberkeit ist auch besonders dann wichtig, wenn die Geräte auch noch für andere Lebensmittel verwendet werden, da sonst „ungewollt" Essig produziert werden könnte. Nur bei absoluter Reinlichkeit wird man Qualitätsprodukte erhalten. Wir dürfen bei der Essigbereitung nie vergessen, daß Essig ein hochwertiges Lebensmittel ist.

DIE ENTSTEHUNG VON ESSIG – DAS AUSGANGSPRODUKT

Die Entstehung von Essig ist ein natürlicher, biochemischer Umwandlungsprozeß, der durch Bakterien erfolgt. Bei diesem Vorgang wird Sauerstoff benötigt. Die meisten sauerstoffliebenden Mikroorganismen wandeln Kohlenhydrate im Atmungsstoffwechsel zu Kohlendioxid und Wasser um. Diese Form der Umwandlung, bei der keine anderen organischen Verbindungen ausgeschieden werden, wird als **vollständige Oxidation** bezeichnet.

Bei der Essigproduktion spricht man von einer **unvollständigen Oxidation,** da nur unvollständig oxidierte Endprodukte (wie Essigsäure, Gluconsäure, aber auch Zitronensäure) entstehen. Wegen der Ähnlichkeit derartiger Endprodukte mit durch Gärung entstandenen Stoffen spricht man hier bei unvollständigen Oxidationen auch von „oxidativen Gärungen" oder „aeroben Fermentationen", daher auch die Ausdrücke „Gärbehälter" und „Fermenter".

ESSIGSÄUREBAKTERIEN

Essig entsteht aus Zuckerarten und Alkohol durch zwei Gruppen von Bakterien. Diese kommen natürlich vor.
- *Acetobacter* sind gramnegative, nur schwach bewegliche Stäbchen. Sie sind farblos, das heißt, es sind keine farbigen Pigmente vorhanden. Sie leben hauptsächlich auf Pflanzen, die zuckerhaltige Säfte ausscheiden, in Gesellschaft mit Hefezellen, die für die Gärung benötigt werden. Sie sind zirka 1/1000 mm groß.
- *Gluconobacter* sind Stäbchenbakterien mit Geißeln, schwach beweglich, farblos und weisen eine hohe Säuretoleranz auf. Sie kommen ebenfalls mit Hefe gemeinsam vor und sind ungefähr gleich groß wie Acetobacterbakterien.

Die Bildung der Essigsäure und der Gärungsnebenprodukte erfolgt durch Enzyme in der Außenhaut der Zellmembran der Bakterien.

Nicht alle Stämme sind aber für die Essigproduktion geeignet, denn bei beiden Gruppen kommen Bakterien vor, die, nachdem sie Essig produziert haben, nicht aufhören, den Essig weiter umzuwandeln. Je nachdem, welcher Gruppe die Bakterien zuzuordnen sind – der der **Überoxidierer** (Peroxidanten) oder jener, die nach der Essigsäureproduktion ihre Tätigkeit einstellen, den sogenannten **Unteroxidierern** (Suboxidanten) –, kann es passieren, daß trotz richtiger Gärung der notwendige Essigsäuregehalt nicht erreicht wird. Überoxidierer erzeugen einen sehr schal schmeckenden Essig, der zum Würzen nicht geeignet ist, da er die Geschmacksprüfung nicht besteht. Außerdem überdeckt der Eigengeschmack etlicher Speisen den Geschmack dieses Essigs.

Treten öfter Probleme mit schal schmeckendem Essig auf, wird es notwendig sein, die Bakterien auf ihre Wirkung hin zu untersuchen. Diese Untersuchung erfolgt in einem Labor.

Bestimmen der Bakterienarten

Die Kontrolle der einzelnen Bakterienarten erfolgt durch ein verhältnismäßig einfaches Experiment. Es werden die Bakterien auf einen Nährboden aufgebracht. Der Bakterientyp ist, je nach optischer Veränderung der Umgebung rund um die Bakterienkultur, leicht zu erkennen.

Die Untersuchung erfolgt mittels eines milchig-trüben Kreide-Agar-(Ethanol-Hefe-extrakt-Calciumcarbonat-)Nährbodens, der den Essigbakterien als Nahrungsgrundlage dient. Auf diesen Nährboden werden die Bakterien aufgebracht. Dabei sollten allerdings sterile Bedingungen herrschen, damit keine anderen Kulturen anwachsen können. Die aufgebrachten Bakterien wachsen sich zu Kolonien aus. Es kommt rund um diese Kolonien durch die Säureausscheidung der Bakterien zur Auflösung des Calciumcarbonates, und es entsteht ein deutlich erkennbarer klarer Bereich (Hof). Bleibt dieser Hof, so haben wir es mit Suboxidanten zu tun, die für die Essigherstellung gut geeignet sind. Trübt sich dieser Hof nach einiger Zeit wieder ein, so wurde die Säure weiteroxidiert, und es bildet sich wieder sichtbarer Kalk (Calciumcarbonat). Dabei haben wir es dann mit Überoxidierern zu tun, die für die Essigbereitung nicht geeignet sind.

Zwischen beiden Bakteriengruppen gibt es aber viele Übergangsformen, was die Bestimmung etwas erschwert. Soll allerdings eine bestehende Essigmutter (das ist, wie gesagt, eine Haut, die sich bei offenen Gärverfahren an der Oberfläche bildet; sie besteht aus Essigsäurebakterien) auf ihre biologische Tätigkeit hin untersucht werden, so ist diese Untersuchung vollkommen ausreichend.

DIE ERZEUGUNG VON ESSIG

Bei der Erzeugung von Essig unterscheiden wir zwei große Verfahren, die zwar chemisch auf derselben Grundlage basieren, allerdings vollkommen unterschiedlich ablaufen.

Die synthetische Herstellung

Essigsäure wird durch katalytische Oxidation von Acetaldehyd erzeugt, welcher aus Acetylen, einem Stoff aus der Erdölchemie, gewonnen wird. Diese chemisch reine Essigsäure wird dann auf eine Säure mit einem Gehalt von 60–80% verdünnt und ist dann als Essigessenz erhältlich. Eine Essigessenz ist eine stark ätzende Flüssigkeit; sie wird als Reinigungs- und Lösungsmittel verwendet.

Sie wird aber auch auf einen Säuregehalt von 6 bis 15% herabgesetzt und dann als Speiseessig, unter der Bezeichnung „Säureessig", verwendet. Die Verdünnung erfolgt durch den Zusatz von Trinkwasser. Diese Essigart wird vorwiegend von der Lebensmittelindustrie zum Einlegen von Gemüse und von Fisch beziehungsweise als Konservierungsmittel benötigt.

Die mikrobiologische Herstellung

Alle essigsäurebildenden Bakterien können aus Zucker oder Alkohol Säuren bilden. Der Hauptanteil ist bei diesen Bakterien die Essigsäure. Als Nebenprodukte dieses Stoffwechselvorganges entstehen noch andere Säuren, je nachdem, welche Zucker im Ausgangsprodukt noch vorhanden waren. Für uns ist nur die Herstellung aus alkoholhältigen Flüssigkeiten interessant.
Das Schema der Essigsäuregärung sieht dabei folgendermaßen aus:

Vollständige Essigsäuregärung

CH_3CH_2OH		O_2		CH_3COOH		H_2O		494 kJ
Ethanol	$+$	Sauerstoff	$\longrightarrow$	Essigsäure	$+$	Wasser	$+$	Wärme

Ist zuwenig Sauerstoff in der zu vergärenden alkoholischen Flüssigkeit vorhanden, wird nicht oder nur unvollständig weiteroxidiert. Dies führt dazu, daß noch ein Restalkohol vorhanden ist, der den gesetzlichen Höchstwert überschreitet, und somit darf dieser Essig nicht verkauft werden.

Wieviel Alkohol ergibt wieviel Essig?

Wie bereits erklärt, entsteht aus Alkohol Essigsäure. Die jeweilige Menge Essigsäure ergibt sich aus dem ursprünglich vorhandenen Alkoholgehalt.
Theoretisch ergeben:

1 ml Alkohol = 1,036 g Essigsäure und 1 g Alkohol = 1,3 g Essigsäure

Da aber während der Essigsäuregärung auch andere Stoffe entstehen können, kann man in der Praxis rechnen, daß **1 Volumprozent Alkohol zirka 1% Essigsäure ergibt.**

Die Alkoholbestimmung

Bei der Essigbereitung zählt die Bestimmung des Alkohols zu den wichtigsten Tätigkeiten: Einerseits wegen der Entstehung der Essigsäure aus Alkohol, andererseits darf nur eine bestimmte Restmenge an Alkohol im fertigen Essig verbleiben.
Es gibt zwei Möglichkeiten, den Alkoholgehalt im Most oder Wein zu bestimmen:

1. mittels Ebullioskop
2. durch Destillation nach Rebelein

Diese beiden Varianten sind sehr aufwendig und sollten wegen der relativ hohen Anschaffungskosten der Geräte nur bei einer intensiven Essigproduktion angewandt werden. Bei kleineren Produktionsmengen kommt in den meisten Fällen die Untersuchung in einem Labor billiger.

Die **Alkoholbestimmung mittels Ebullioskop** basiert auf der unterschiedlichen Siedetemperatur von Wasser und Alkoholmischungen. Mit einem Thermometer wird die Abweichung von Alkohol gegenüber Wasser und somit der Alkoholgehalt bestimmt. Diese Methode soll nur als annähernde Bestimmung vor der Vergärung zu Essigsäure dienen, die Genauigkeit beträgt ± 0,5%vol Alkohol. Für eine Restalkoholbestimmung ist sie zu ungenau.

Das Ebullioskop muß vor der Bestimmung auf den aktuellen Luftdruck geeicht werden. Dafür wird das Gerät bis zum ersten Ring im Siedebehälter mit Wasser gefüllt und zusammengeschraubt. Danach wird solange erhitzt, bis der Quecksilberfaden in der Skala nicht mehr nach vorne wandert. Mittels Stellschraube wird die Skala nun beim Ende des Quecksilberfadens auf null eingestellt und fixiert. Das Gerät wird auseinandergeschraubt und bis zum zweiten Ring mit dem zu untersuchenden Wein befüllt. In den Kühler kommt kaltes Wasser, damit der Alkohol nicht verdunsten kann. Die nachfolgende Erhitzung soll solange dauern, bis der Quecksilberfaden sich nicht mehr nach vorne bewegt. Sobald dies erreicht ist, kann abgelesen werden.

Alle Essige müssen vor dem Verkauf auf ihren Alkoholgehalt untersucht werden. Dabei ist es sinnvoll, die selber gewonnenen Werte zwischendurch durch eine Untersuchung in einem Labor zu kontrollieren.

ESSIGSORTEN

Essig kann aus allen ethanolhaltigen Flüssigkeiten produziert werden. Auch andere Alkoholarten ergeben Essig, wobei Ethanol das Hauptausgangsprodukt für die eigene Essigbereitung ist. Grundsätzlich wird allerdings zwischen Gärungsessig und Säureessig unterschieden (siehe *Rechtliche Bestimmungen*).

Zur Zeit werden in Österreich hauptsächlich Spritessig, Weinessig und Apfelessig produziert, wobei der Spritessig in der Industrie verwendet wird. Allerdings gibt es noch eine wesentlich breitere Palette an Essig auf dem Markt.

Branntweinessig

Branntweinessig wird aus reinem Alkohol (Ethylalkohol landwirtschaftlichen Ursprungs) gewonnen. Grundlage für diesen Ethylalkohol sind Kartoffeln, Getreide und Rückstände bei der Zuckerbereitung. Der Alkohol wird dann verdünnt und vergoren. Dieser Essig ist nur sauer, ohne ein eigenes Aroma zu haben. Zumeist enthält er einen hohen Säureanteil, der verdünnt im Haushalt Verwendung findet. Der Hauptverwendungsbereich ist die weiterverarbeitende Industrie, die diesen Essig zum Einlegen oder als Würzmittel von Fertigprodukten benötigt. Im Haushalt sollte er jedenfalls nur zum Einlegen verwendet werden.

Einlegeessig

Der Einlegeessig ist eine verfeinerte Form des Branntweinessigs, der meistens mit Zucker und verschiedenen Aromaverbindungen versetzt wird. Oft wird dieser Essig auch noch gesalzen oder mit Kräutern verbessert. Er wird häufig in der Gastronomie für Salate verwendet. Im Haushalt nimmt man den Einlegeessig zum Einlegen von Gemüse, wenn ein würziger Geschmack erwünscht ist.

Kartoffelessig

In Nachkriegszeiten wurde oft Essig aus Kartoffelbrand produziert. Heute ist dieser Essig eher selten zu bekommen, da der Kartoffelbrand im bäuerlichen Betrieb verboten ist. Es eignen sich jedoch gekaufte Kartoffelbrände recht gut zur hobbymäßigen Herstellung von Essig.

Malzessig

Malzessig wird aus Malz gewonnen. Dabei wird eine Mischung aus Malz und Getreide zu einer Art Bier vergoren: zuerst werden Malz und Getreide gemischt, dann erhitzt und anschließend vergoren. Diesem so entstandenen „Bier" werden Bakterien zugesetzt, und durch die Essiggärung entsteht Essig. Dieser zumeist sehr hochprozentige

Ausgangsessig wird auf 6% Säuregehalt verdünnt, und so verdünnt kommt er dann in den Handel. Der Geschmack ist süßsauer und relativ aromatisch, die Farbe dunkelgelb bis braun. Verwendet wird er in erster Linie in Nordeuropa und im südostasiatischen Raum.

Rosinenessig

Der Rosinenessig ist eine besondere Spezialität. Besonders in Südeuropa, im nordafrikanischen Raum und in den Golfstaaten – eben überall, wo Rosinen produziert werden –, wird diese Essigart recht häufig hergestellt. Getrocknete Rosinen werden mit Wasser zu einem dünnflüssigen Brei verarbeitet, nach einigen Tagen werden dann die Rosinen entfernt. Dieser wäßrige Auszug wird weitervergoren und zu Essig verarbeitet. Es entsteht eine Essigart mit einem sehr intensiven Rosinenaroma, das eine dezente Karamelnote hat. Verwendet wird dieser Essig für Salate und Fischgerichte.

Molkeessig

Molke, als Rückstand bei der Käseproduktion, kann ebenfalls zur Essigherstellung verwendet werden. Dabei wird die Molke eingedickt und anschließend mittels bestimmter Hefearten zu Alkohol vergoren. Durch den hohen Milchsäuregehalt, der schon vor Gärbeginn im Produkt ist, wirkt dieser Essig immer sauerkrautartig. Die Milchsäure bewirkt auch, daß dieser Essig trotz seines Säuregehaltes von 5% Gesamtsäure (berechnet als Essigsäure) immer mild ist und somit von Patienten mit Magen-Darm-Krankheiten verwendet werden kann.

Reisessig

Reisessig, vereinzelt in Spezialitätenläden zu finden, wird durch die Vergärung von Reis und anschließender Essiggärung gewonnen. Durch den hohen Gehalt an Restzucker wirkt er sehr süß. Entweder wird der Reiswein (Sake) oder der Rückstand der Sakebereitung, der sogenannte Sakekuchen, bei der Essigerzeugung verwendet. Der Liebhaber dieses Essigs kann zwischen drei Arten – rot, weiß oder schwarz – wählen. Der weiße Reisessig entspricht allerdings erfahrungsgemäß unserem Geschmacksempfinden am ehesten.

Honigessig

Honigessig wird aus Met hergestellt. Met ist verdünnter und vergorener Honig. Es können zur Essigbereitung nur hochqualitative Produkte verwendet werden, da eine mindere Qualität geschmacklich sofort erkennbar ist. Der Honigessig hat den typischen Metgeschmack und -geruch und wird besonders für Salatdressing und ausgefallene Fleischgerichte genommen.

Tresteressig

Tresteressig wird durch das Vergären und Abpressen von Trester aus der Wein- oder Obstweinproduktion gewonnen. Der Tresteressig (er wird nicht zu den Weinessigarten gezählt) zeichnet sich durch ein herbes, teilweise kerniges Aroma aus. Ein leicht adstringierender Geschmack zählt häufig zu den typischen Eigenschaften dieses Essigs. Je nach Obstart oder Traubensorte werden unterschiedliche Geschmacksnuancen erzielt. Da er praktisch immer einen sehr intensiven Eigengeschmack hat, wird er in erster Linie für würzige Gerichte und Salate verwendet.

Weinessig

Weinessig wird aus Traubenwein erzeugt. Er hat einen weinartigen Geschmack. Weinessig kann bei beinahe allen Speisen verwendet werden, da er sich durch ein etwas zurückhaltendes Aroma fast überall harmonisch einfügt. Echter Weinessig – und nicht Weingeistessig, der aus destilliertem Wein stammt – weist wie der Wein die Farben weiß oder rot auf. Vielfach wird Weinessig aus dem Wein südlicher Länder produziert. Vor allem die Essigindustrie arbeitet mit billigen ausländischen Weinen. Für die bäuerliche Weinessigbereitung kommen nur beste Weine und Weinreste in Frage, da sich minderwertige Produkte schon vor der Vergärung verschlechtern. Der Säuregehalt beim Weinessig liegt durch den Alkoholgehalt, der höher als beim Obstwein ist, meist zwischen 6 und 10%. Bei der Bereitung ist auf den teilweise zu hohen Restalkoholgehalt zu achten.

Der Handel bietet eine große Auswahl an Weinessigsorten an, bedingt durch die breite Palette an Weinsorten und die Vielzahl der Ausbauvarianten (Holzarten und Lagerzeit). Diese Vielfalt ermöglicht es aber auch der Direktvermarktung, Marktnischen zu finden. Rote Weinessigsorten sind geschmacklich meistens etwas kräftiger als weiße. Besonders gut eignen sich Weinsorten, die von Natur aus viel Eigenaroma mitbringen, da dadurch sehr typische Essigarten entstehen können, für die Essiggewinnung.

Obstessig

Grundsätzlich kann Obstessig aus jeder Obstart, aus der eine Weinproduktion möglich ist, hergestellt werden. Vorwiegend wird allerdings, bedingt durch seine relativ geringen Herstellungskosten, Apfelessig erzeugt. Der Apfelessig zählt aber nicht nur zu den billigsten, sondern auch zu einer der gesündesten Essigarten überhaupt. Apfelessig enthält viele Mineralsalze (hauptsächlich aber Calzium und Magnesium). Andere

Stoffe (zum Beispiel Vitamine und Spurenelemente), die der menschliche Körper täglich benötigt, sind ebenfalls enthalten.

Obstarten für die Essigbereitung

Im folgenden Abschnitt werden nur die wichtigsten Obstarten, die für die Herstellung von Vollfruchtessig geeignet sind, beschrieben.

Äpfel

Die Obstweinerzeugung aus Äpfeln hat eine lange Tradition. Ein wesentlicher Grund dafür ist neben dem guten Geschmack der niedrige Preis. Die Früchte sollten vollreif, gesund und sauber sein, was für alle Obstarten gilt. Der Apfelessig zeichnet sich durch ein typisches obstweinartiges Aroma aus und kann fast bei allen Speisen verwendet werden.

Birnen

Birnen sind zur Essigproduktion etwas schlechter geeignet als Äpfel, da sie von Natur aus meist einen eher niedrigen Säuregehalt haben und deshalb auch leichter verderben können. Schon bei der Obstweinbereitung erfordern Birnen einen weit größeren Arbeitsaufwand, auch was die hygienischen Anforderungen betrifft, damit sie nicht schon während der alkoholischen Gärung oder unmittelbar danach von Bakterien befallen werden. Birnenwein neigt auch viel leichter zum „Zähwerden", was sich bei der Essigproduktion negativ auswirkt. Am besten ist es, den Birnenwein sofort nach Erreichen des höchsten Alkoholgehaltes zu pasteurisieren, um so den Wein für die Essigherstellung haltbar zu machen. Die auf diese Art gewonnenen Essige sind dann allerdings sehr fruchtig, schmecken deutlich nach Birne und sind besonders für Salate gut geeignet. Auch sortenreine Birnenessigarten können in manchen Gebieten sicherlich als Spezialität vermarktet werden und somit die Produktpalette des bäuerlichen Angebotes erweitern helfen. Besonders geschmacksintensive Sorten, wie manche Mostbirnen oder Williams Christbirne, können regionale Bedeutung erlangen.

Quitten

Quitten sind aufgrund ihrer schweren Vergärbarkeit und ihres hohen Gerbstoffgehalts nur bedingt für die Essigbereitung einsetzbar, sie ergeben allerdings sehr intensive Fruchtweine. Der frischgepreßte Saft der Früchte, mit einem natürlich hohen Säuregehalt, muß vor der Vergärung verdünnt und aufgezuckert werden, da die meisten Quittensäfte einen zu niedrigen Zuckergehalt aufweisen. Dadurch käme es zu einer zu geringen Alkoholbildung. Die Gerbstoffe führen gleichzeitig zu einer sehr starken Klärung des fertigen Weines, was sich bei der Essigbereitung als vorteilhaft herausgestellt hat.

Pfirsiche

Vollreife Pfirsiche ergeben sehr fruchtige Weine, allerdings haben Pfirsiche einen sehr niedrigen Säuregehalt, was in der Nachgärphase wiederum zu Problemen führen kann. Pfirsiche sind vor der Gärung unbedingt aufzuzuckern, damit ein entsprechend hoher Alkoholgehalt erreicht wird. Der Einsatz von organischen Säuren, wie Zitronensäure, oder anorganischen Säuren, wie Phosphorsäure, um den biologischen Verderb während der Gärung auszuschalten, ist vom Gesetzgeber verboten. Bei Pfirsichen sollte auf ein baldiges Abtrennen der Steine nach der Vergärung geachtet werden, wenn eine Maischegärung durchgeführt wurde. Die Steine müssen entfernt werden, damit ein eventueller Steinton im Essig vermieden wird. Pfirsichessig, auf diesem natürlichen Weg produziert, ergibt Produkte, die besonders für Salatspezialitäten, aber auch zur Verfeinerung von süßen Gerichten und Käse gut geeignet sind.

Marillen (Aprikosen)

Für Marillen gilt sinngemäß dasselbe wie für Pfirsiche, wobei diese Essigarten oft sehr geschmacksintensiv sind, was eine sehr sparsame Verwendung in der Küche mit sich bringt. Bei der Marille besteht während der Gärung (durch den hohen pH-Wert) die Gefahr, daß sie verdirbt (Bakterien).

Zwetschken, Pflaumen, Ringlotten

Der Zwetschkenwein ist heute in vielen Gebieten eine regionale Spezialität. Die Zwetschken werden dabei entweder maischevergoren, oder man läßt sie nur auf der Maische angären. Durch Aufzuckerung können auch hier wieder entsprechende Alkoholmengen erzielt werden, um die gesetzlichen Mindestwerte an Essigsäure zu erreichen.

Der Zwetschkenessig ist durch seine dunkle Farbe besonders gut zum Färben geeignet, aber natürlich auch zur Verbesserung des Geschmacks von Gerichten. Das herbsäuerliche Aroma verfeinert Salate und Saucen. Pflaumen und Ringlotten, vor allem grüne Sorten, führen bei diesen Essigarten zu interessanten Farbschattierungen, und oft haben sie ein „grasiges" Aroma.

Kirschen und Weichseln

Diese Steinobstarten ergeben sehr dunkle, beinahe schwarze Essigsorten mit einem ganz typischen Aroma. Der leichte Steingeschmack, den hauptsächlich die Weichseln haben, ist für diese Essigsorten charakteristisch. Durch den dunklen Ton und den fruchtigen Geschmack wird dieser Essig besonders für dunkle Saucen verwendet. Kirschen und Weichselsäfte müssen allerdings vor der Vergärung unbedingt aufgezuckert werden, da sie zuwenig natürlichen Zucker enthalten. Bei Weichseln empfiehlt sich auch eine Verdünnung des Säuregehaltes.

Schwarze, Rote und Weiße Johannisbeeren

Johannisbeeren oder Ribiseln werden gerne zu Fruchtwein verarbeitet, da sie ein intensives Aroma haben und mit Wasser wegen ihrer hohen Säurewerte gestreckt werden müssen. Auch wenn viel Wasser dazugegeben wird (z.B. zwei Drittel der Fruchtmenge), sind die Farbe und der Geschmack der Beeren noch immer deutlich erkennbar. Ribiselweine, die nach dem Weingesetz maximal 13%vol Alkohol mit dem umgerechneten Zucker aufweisen dürfen, sollten vor der Essigbereitung auf ungefähr 10%vol Alkohol verdünnt oder auf ungefähr 1% Essigsäure mit fertigem Essig eingestellt werden, damit ein Bakterienschock vermieden wird. Johannisbeeressig ist, je nach Beerenfarbe, tiefdunkel bis ganz hell und wird für Salate verwendet.

Andere Beerenessige
Grundsätzlich können auch aus allen anderen Beeren Vollfruchtessige hergestellt werden, dabei sind allerdings die Wirtschaftlichkeit und der zu erzielende Verkaufspreis zu berücksichtigen. Zumeist werden diese Beeren mit einem entsprechenden Obstessig oder Weinessig angesetzt und dann als Fruchtessig unter diesem Namen verkauft. Ein Teil der angesetzten Beeren bleibt im fertigen Produkt. Aber nur bei wirklich hohen Verkaufserlösen sollte man aus Himbeeren, Erdbeeren, Brombeeren oder Heidelbeeren Fruchtweine produzieren, die dann zu Essig vergoren werden. Andererseits gibt es sicher Liebhaber dieser Essigsorten, und da diese Essige eher selten angeboten werden, können auch höhere Preise dafür verlangt werden.

Kräuter- und Gewürzessig

Derzeit ist in vielen Supermärkten und Feinkostläden ein sehr großes Angebot an verschiedenen Kräuter- und Gewürzessigen zu finden. Und auch der bäuerliche Essigproduzent hat in einem gut geführten Hausgarten eine große Anzahl von Kräutern, die er dann mischen und zur Geschmacksverbesserung von Essig verwenden kann.
Um sich in der breiten Palette der angebotenen Kräuter- und Gewürzessigarten zurechtzufinden, ist eine Unterscheidung der beiden wichtigsten Herstellungsarten notwendig:
- Essigarten werden mit Gewürzessenzen auf chemischem Wege hergestellt oder durch Auszüge der namensgebenden Kräuter (siehe *Einlegeessig*). Diese Form der Herstellung ist der essigproduzierenden Industrie vorbehalten und sollte von bäuerlichen Produzenten nicht nachgeahmt werden.
- Essige, die mit natürlichen Kräutern oder deren Auszügen verfeinert wurden. Bei dieser Methode werden hochprozentige Essigsorten mit Kräutern angesetzt und nach einiger Zeit vom Ansatz genommen. So entsteht ein sehr feines Aroma. In die Flaschen kommen dann noch die jeweiligen Kräuter – ein verkaufsfördernder optischer Effekt. Zu dieser Gruppe von Essigarten zählen auch jene, welche durch Fruchtauszüge produziert wurden.

Einige Beispiele der letzten Gruppe sind:

- Estragonessig
- Basilikumessig

- Lorbeeressig
- Knoblauchessig

- Zwiebelessig
- Erdbeeressig
- Minzessig
- Rosenblütenessig

- Himbeeressig
- Melissenessig
- Veilchenessig

Balsamessig

Balsamessig, als König unter den Essigarten, ist ein dunkler, besonders alter Essig, der mehrere Jahre in Holzfässern gelagert wurde. Durch die teilweise hohen Verluste bei der Produktion wird Balsamessig von Jahr zu Jahr teurer, besonders sehr alter Essig hat seinen Preis. Und da sind es wiederum alte Balsamessige aus dem Raum um Modena (in Italien), die unter dem Namen „Aceto balsamico di Modena" im Handel sind und bei speziellen Auktionen astronomische Preise erzielen. Heimische Balsamessige werden mehrere Jahre lang in warmen Räumen gelagert. Sie erreichen dann ebenfalls eine besondere Qualität. Balsamessig empfiehlt sich besonders zu italienischen Gerichten und verschiedenen Blattsalaten.

Der Erzeugung von Balsamessig ist in diesem Buch ein eigenes Kapitel gewidmet (siehe *Erzeugung von Balsamessig*).

DIE GÄRESSIGBEREITUNG

ANFORDERUNGEN AN DAS AUSGANGSPRODUKT UND BEHEBUNG EINZELNER FEHLER

Für die Entstehung von Essigsäure ist Alkohol notwendig. Nachdem ein Mindestsäuregehalt von 5% erreicht werden muß, sind auch mindestens 5%vol Alkohol notwendig. Je nach Gärverfahren ist dieser Alkoholgehalt nun in Essigsäure umzuwandeln, ohne einen Restalkoholgehalt zu hinterlassen. Der Restalkohol darf bei Wein- und Obstweinessig, der verkauft werden soll, höchstens 4 g/l erreichen. Die gesetzlichen Mindestwerte für die Gehalte an Essigsäure und Restalkohol sind durch das *Österreichische Lebensmittelbuch* geregelt.

Nur aus fehlerfreien Grundprodukten, die aus reifer, sauberer und vor allem gesunder Rohware hergestellt wurden, wird ein guter Essig. Das Grundprodukt darf also nicht, wie es früher oft üblich war, unverkäuflich oder fehlerhaft sein, denn Essige minderer Qualität sind bei dem derzeitigen Angebot an hochwertigen Essigen nicht mehr verkäuflich. Fehlerhafte Getränke müssen vor der Verarbeitung zu Essig unbedingt zumindest „trinkbar" gemacht werden.

> Der Geschmack eines guten Essigs wird vorwiegend durch das Ausgangsprodukt (Wein, Most), die Reinheit der Essiggärung und die Lagerung bestimmt. Essige, die aus einem schlechten Rohprodukt erzeugt werden und eine fehlerhafte Gärung aufweisen, sind zumeist dumpf, muffig und bitter. Oft entsprechen sie auch nicht den gesetzlichen Bestimmungen.

Die häufigsten Fehler, die im Ausgangsprodukt vorkommen können, sollen im folgenden näher beschrieben werden, damit sie noch vor der Essigbereitung behoben werden können. Es handelt sich dabei durchwegs um Most- oder Weinfehler, die bei unsachgemäßer Behandlung auftreten können. Hier sollen nur jene Fehler beschrieben werden, nach deren Behebung sich der Most oder Wein noch gut zur Essigherstellung eignet.

Weißer Bruch

Der Most erscheint im durchfallenden Licht weißlich bis schwach bläulich. Grund für diesen Fehler sind Eiweiß und Pektinausscheidungen. Dieser Fehler tritt zumeist schon während der Lagerung auf und sollte auf jeden Fall beachtet werden.

Behebung: *Dieser Most ist noch nicht flaschenreif und sollte vor der Abfüllung, soferne der Fehler schon im Faß erkennbar ist, einer Schönung unterzogen werden.*

Dies geschieht entweder mittels Bentonit- oder einer Kieselsol-Gelatine-Schönung. Gewöhnlich werden jedoch beide Schönungen durchgeführt.

Rahnwerden oder Braunwerden

Der Most wird bei der Berührung mit Luft dunkel. Wenn man ihn aus dem Lager-
behälter nimmt, so erscheint er schön färbig. Sobald er allerdings einige Zeit mit Sauerstoff in Berührung kommt, wird er dunkel bis braun. Dies ist auf sauerstoffübertra-
gende Enzyme zurückzuführen, die noch aus den Früchten stammen.

Behebung: *Derartige Moste sind sehr einfach durch eine sachgerechte Schwefelung wieder zu
reparieren und trinkbar zu machen. Für die Essigbereitung ist die Schwefelung allerdings nicht
gestattet, so daß nur eine Hochtemperatur-Kurzzeiterhitzung und eine damit verbundene
Inaktivierung aller Enzyme zum Erfolg führt.*

Hefeböckser

Dieser Fehler kommt wahrscheinlich am häufigsten vor. Er ist erkennbar durch einen
unsauberen Geruch (faule Hefe). Der Most ist säurearm, erscheint leer und schmeckt
auch intensiv nach abgestorbener Hefe. Diese Moste sind zu spät vom Lager abgezogen worden. Dadurch konnte sich die Hefe zersetzen, was zu diesem Verwesungsge-
schmack nach faulender Hefe geführt hat. Deshalb heißt dieser Fehler umgangssprachlich auch Lagerfäule.

Behebung: *Dieser Fehler kann durch ein frühes Abziehen verhindert werden. Moste, die diesen Fehler aufweisen, sind nur schwer reparierbar und können nur bei leichtem Auftreten noch
zu Essig verarbeitet werden.*

Essigstich

Grundprodukte, die diesen Fehler haben, zeichnen sich durch einen starken, stechenden Geruch nach Essigsäure aus. An der Oberfläche findet sich ein feiner Schleier oder
eine schleimige und sulzige Haut. Dieser Fehler ist auf Essigsäurebakterien zurückzuführen. Er tritt auf, wenn nicht unter Sauerstoffausschluß vergoren wird.

Behebung: *Grundprodukte, die diesen Fehler aufweisen, können als Getränk nicht mehr re-
pariert werden und sind nur noch zur Weitervergärung zu Essig geeignet. Allerdings ist dann
auf die Zufuhr von Luft (Sauerstoff) zu achten, da sich zumeist zuwenig Sauerstoff im Behälter befindet, um einen Qualilälsessig zu erreichen.*

Kahmigwerden

Auf der Oberfläche breitet sich eine schneeweiße, graue oder graurötliche Haut aus.
Diese ist zurückzuführen auf Kahmhefen, die sich nur unter Sauerstoffeinfluß im Getränk breitmachen können. Diese Kahmhefen verzehren den Alkohol und hinterlassen
vielfach ein Fremdaroma.

Behebung: *Kahmige Moste müssen in ein sauberes Faß umgezogen werden. Allerdings ist die
Kahmhaut vorher so gut als möglich zu entfernen. Gleichzeitig ist darauf zu achten, daß das
neue Faß spundvoll gefüllt ist, damit ein neuerliches Auftreten der Kahmhefen verhindert wird.
Es sollte hier möglichst bald mit der Essigbereitung begonnen werden, um weitere Alkohol-*

verluste durch die Kahmhefen zu vermeiden. (Gefahr eines zu niedrigen Essigsäure-gehaltes!)

Milchsäurestich

Dieser ist erkennbar durch einen sauerkrautähnlichen Geschmack und Geruch des Ausgangsweines. Er ist zurückzuführen auf Bakterien und einen zu geringen Säure-gehalt des Saftes vor der Gärung. Gleichzeitig kann auch ein zu später Abstich zu die-sem Fehler führen, der oftmals mit einem zu späten Schwefeln oder zu geringen Schwefelgehalt einhergeht.

Behebung: *Der Milchsäurestich kann durch einen frühen Abstich und eine sachgerechte Schwefelung verhindert werden. Eine Heilung ist nur in frühem Stadium möglich. Der Most ist dann unbedingt einer Entkeimungsfiltration zu unterziehen, um die Bakterien aus dem Ge-tränk zu holen, damit sie im Essig nicht weiterarbeiten und der Essig dann nach Sauerkraut riechen würde.*

Zähwerden

Der Most fließt beim Ausschenken schwer wie Öl oder zieht Fäden wie Schleim, ver-bunden mit einem schnellen Säurerückgang. Die Ursachen hierfür sind Bakterien in Verbindung mit Schimmelpilzen und Schleimhefen.

Behebung: *Das Zähwerden kann durch kühle Lagerung und ein frühes Abziehen verhindert werden. Falls der Most schon zäh ist, ist eine Säurekorrektur, verbunden mit einer Tannin-schönung und einer nachfolgenden Belüftung, durchzuführen. Derartige Getränke sind vor der Weiterverarbeitung unbedingt durch Filtration zu entkeimen.*

BEHÄLTER FÜR DIE ESSIGBEREITUNG

Zur Bereitung von Essig sind beinahe alle lebensmittelechten Behälter geeignet. Im fol-genden werden die Vor- und Nachteile der verschiedenen Behälter aufgelistet.

Holzbehälter

Holzfässer zählen nach den Tongefäßen zu den ältesten Gebinden für die Lagerung von Getränken.

Vorteile

- Der leichtere Sauerstoffaustausch ermöglicht den früheren Ausbau des Getränkes. Dies wirkt sich auch bei der Essigbereitung positiv aus, weshalb zumeist Holz dafür Verwendung findet.
- Alle Faßgrößen sind erhältlich, Spezialanfertigungen sind leicht möglich.
- Fässer sind in den meisten Betrieben schon vorhanden.

| *Holzfaß zur Essigbereitung* | *Edelstahlbehälter mit Ablaufhahn* |

Plastikbehälter eignen sich sehr gut für die Essigbereitung und -lagerung

Nachteile

- Großer Pflege- und Erhaltungsaufwand
- Verluste durch Schwund
- Kranke Fässer oder Fässer mit Fehlgerüchen sind nur sehr schwer zu reparieren.

Kunststoffbehälter

Sie werden als geschäumte Polyurethanbehälter oder als glasfaserverstärkte Kunststoffbehälter verwendet. Erstgenannte sind an ihren Farben – weiß, blau, grün und schwarz – zu erkennen. Glasfaserverstärkte Kunststoffbehälter haben eingearbeitete Fasern und sind weißlich-gelb.

Vorteile

- Keine Rostbildung
- Keine Innenauskleidung notwendig
- Leicht zu reinigen und zu desinfizieren, da immer eine glatte Oberfläche vorhanden ist.
- Geringer Schwund
- Zu 100% säurebeständig

Nachteile

- Nicht immer geschmacksneutral (vor allem Diskontangebote)
- Geringe Druckfestigkeit
- Der Ausbau vollzieht sich langsamer.
- Geschäumte Polyurethanbehälter sind nicht immer hitzebeständig, was teilweise bei der Essigbereitung ein Problem sein kann.

Edelstahlbehälter

Sie werden in allen Größen und Formen angeboten. Edelstahlbehälter müssen aus V_4A-Stahl sein. Minderwertige Stahlarten sind oft nicht säurebeständig und daher auch nicht sehr lange haltbar. Vor allem bei der Essigbereitung, im Anschluß an die Produktion des Grundgetränkes, kann es dabei immer wieder zur Korrosion kommen. Beim Ankauf von Edelstahlbehältern ist auf die Verarbeitung zu achten, denn nur sehr sauber verarbeitete Behälter halten auch wirklich lange Zeit.

Vorteile

- Zu 100% lebensmittelecht
- Alle Formen sind machbar und werden produziert
- Leicht zu reinigen und zu desinfizieren
- Kein Schwund
- Sehr robust
- Edelstahlbehälter bieten eine 100%ige Alkohol- und Säurebeständigkeit im Lebensmittelbereich

- Optimale Wärmeleitung ist auch bei Großbehältern gegeben, was bei der Gärung, bei der Kühlung und bei der Essigbereitung beim Erwärmen Vorteile bringt.

Nachteile
- Qualitätsprodukte sind verhältnismäßig teuer.
- Größere Behälter sind nicht transportierbar.
- Risse können nur geschweißt werden.

Die Vorbereitung neuer Holzfässer und die Reinigung alter Fässer

Neue Fässer enthalten sehr viele Gerbstoffe, die vom Alkohol und von der Essigsäure herausgelöst werden können, so daß das Getränk negativ beeinflußt wird.

Aus diesem Grund müssen die Fässer entweder ausgelaugt oder auf chemischem Wege vorbereitet werden. Heute wendet man hauptsächlich die chemische Bearbeitung an.

Das Ausdämpfen der Fässer

Das Dämpfen der Fässer ist die beste Methode, ein Faß sauber zu bekommen. Geeignet sind Niederdruckdampfkessel oder zweckentfremdete Futterdämpfer. Dabei wird das Faß auf den Kopf gestellt und solange mit heißem Dampf bearbeitet, bis unten nur noch klares, geschmackloses Wasser herausrinnt. Somit ist die Dämpfdauer von der Faßgröße abhängig. Anschließend wird das Faß mit kaltem Wasser ausgespült.

Das Vorbereiten mit Gerbstoffina oder Senfina

Bei dieser Methode wird für 200 Liter Faßraum ein Viertelkilogramm Gerbstoffina in heißem Wasser (ca. 20 Liter) gelöst. Man läßt diese Lösung einwirken und schüttelt das Faß zwischendurch. Anschließend wird die Waschlösung weggeschüttet und das Faß sauber gewaschen. Kranke Fässer, die mit dieser Methode gereinigt werden, müssen nachträglich noch gedämpft werden, um alle Fehlgerüche zu entfernen.

Das Vorbereiten mit heißer Sodalauge

Für 100 Liter Faßraum werden 15 bis 20 Liter heiße Sodalauge verwendet. Diese Sodalauge sollte 2%ig sein, das heißt es sind 300 bis 400 g Feinsoda oder kalziniertes Soda in dieser Wassermenge zu lösen. Bei dieser Methode des Weingrünmachens läßt man die heiße Sodalösung eine halbe Stunde einwirken und entleert dann das Faß. Dieser Vorgang wird so oft wiederholt, bis die Sodalösung klar abfließt. Anschließend wird das Faß mit klarem Wasser gut ausgespült.

Die Reparatur kranker Fässer ist zeitraubend und funktioniert nicht immer. Deshalb sollten kranke Fässer ausgeschieden werden.

VERFAHREN ZUR ESSIGBEREITUNG

Bei der Bereitung von Essig unterscheidet man im wesentlichen vier Verfahrensarten.

Oberflächenverfahren
– Orleansverfahren
 	
Fesselverfahren
– Boerhaveverfahren
– Drehbildnerverfahren
– Schützenbachverfahren
– Rundpump- oder
  Generatorverfahren
	Submersgärverfahren
	– Kleinanlagen ohne Turbine
	  (LABU-Verfahren)
	– Großfermenter mit Turbine
	
	**Verfahren der
	Balsamessigproduktion**

Oberflächenverfahren

Alle alten Gärverfahren waren Oberflächenverfahren. Die meisten wurden bereits seit mehr als hundert Jahren angewandt. Bei den Oberflächenverfahren wird der Behälter nicht bewegt, und die Luft streicht nur über die Oberfläche. Die Bakterienkulturen bleiben wegen des Sauerstoffbedarfes an der Oberfläche. Dabei entsteht in den meisten Fällen eine Haut aus Essig- und Schleimbakterien, die umgangssprachlich als Essigmutter bezeichnet wird. Diese Essigmutter vergärt das Grundprodukt nur sehr langsam. Wenn die Temperaturen zu niedrig sind, findet meistens keine Gärung statt.

Orleansverfahren

Bei diesem Verfahren werden Behälter mit einer möglichst großen Oberfläche verwendet. Darüber streicht dann die Luft und bringt die Bakterien mit Sauerstoff in Berührung.

Verwendung finden können folgende Behälter:
- liegende Holzfässer
- breite Fässer mit einer niedrigen Füllhöhe
- abgedeckte Wannen mit nur niedrigem Flüssigkeitsstand

Besonders wichtig ist ein nicht zu hoher Flüssigkeitsstand, um eine gleichmäßige Vergärung zu erzielen. Gleichzeitig sind bei niedriger Füllhöhe eine größere Oberfläche und Luftmenge gegeben. Durch diesen Raum kommt es zu einer etwas besseren Vergärung, weil der Sauerstoffaustausch besser erfolgt.

Während der Standzeit bildet sich an der Oberfläche eine Bakterienhaut, die Essigmutter, die nun den Alkohol in Essigsäure umwandelt.

Vorteile
- Sehr einfach, kann im Haushalt mit jeder größeren Flasche durchgeführt werden.

Kleines Rundpumpfaß mit Pumpe und Zeitschaltuhr

Verteiler; Maisspindeln auf Holzrost als Trägersubstanz für Essigbakterien

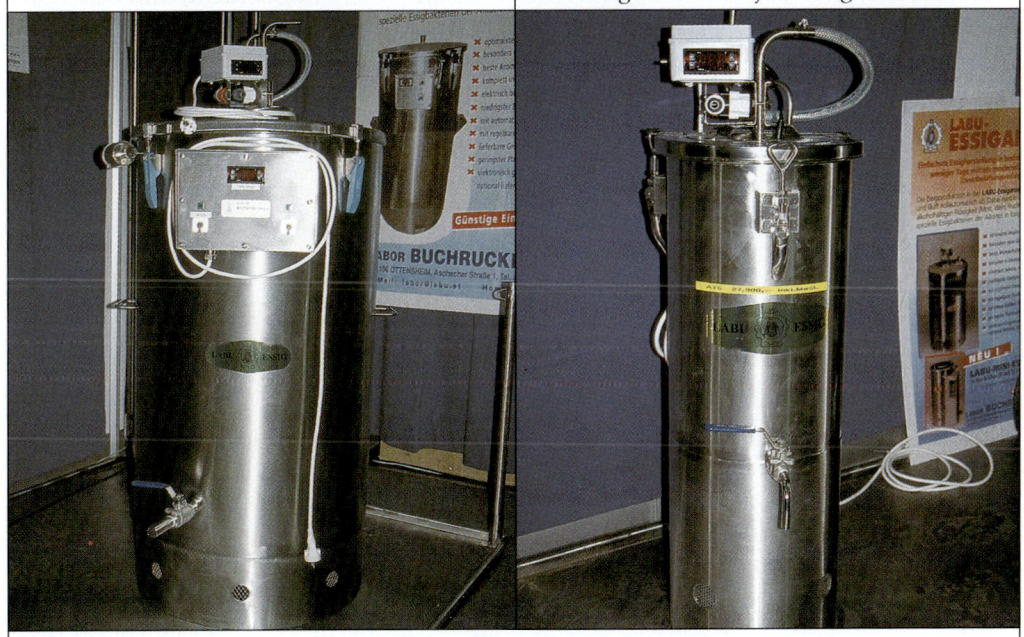

Moderne Submers-Anlagen für 20 und 150 l Essigherstellung

- Keine großen Anschaffungen notwendig, da Holzfässer beinahe in jedem Betrieb vorhanden sind.
- Wenig Arbeitsaufwand, weil nur ein Befüllen und Entleeren notwendig ist.
- Beinahe kein Energieaufwand, wenn die Gärung im Sommer in einem warmen Raum durchgeführt wird. Im Winter fallen Heizkosten an.

Nachteile
- Keine Steuerungsmöglichkeit
- Vielfach eine unzureichende Vergärung, weil die Bakterien nur an der Oberfläche mit genügend Sauerstoff versorgt werden.
- Sehr lange Gärzeiten führen nur zu geringen Produktionsmengen.

Verbesserungsmöglichkeiten der offenen Gärverfahren
Eine Verbesserung des Vergärungsgrades kann durch direkte Einbringung von Sauerstoff in das Getränk erreicht werden. Wenn Luft mit einer Luftpumpe über einen Verteiler von unten in das Getränk eingebracht wird, kommt es zu einer verbesserten Umwandlung. Besonders zur Vergärung von Restalkoholmengen hat sich diese Methode gut bewährt. Für Kleinmengen sind Verteiler und Pumpen, wie sie in der Aquaristik verwendet werden, gut geeignet. Allerdings ist hier bei Kunststoffverteilern auf die Säurebeständigkeit zu achten. Der Verteiler wird am Boden angebracht, und durch die Aquarienpumpe wird Luft in das Getränk eingepreßt. Durch die feine Verteilung kommt es zu gleichmäßigen Luftblasen, die langsam im Getränk aufsteigen. Dabei erfolgt, je nach Aufstiegsgeschwindigkeit, eine Sauerstoffabnahme in der Luft von 20 bis 60%. Die verbrauchte Luft sollte dann an der Oberfläche wieder austreten können. Bei nur teilweiser Belüftung sind keine Aromaeinbußen feststellbar. Allerdings ordnet man diese Methode eher dem Submersverfahren zu.

Fesselverfahren

Bei allen Fesselverfahren werden die Essigbakterien auf einer Trägersubstanz aufgebracht. Diese Trägersubstanz war anfangs ein Holzgitter oder ein anderer natürlicher Stoff.

Materialien, die zum „Binden" der Essigbakterien geeignet sind
- **Holzgitter:** Sie haben nur eine geringe Oberfläche, was zur Folge hat, daß die Bakterienkultur schnell verschleimt und teilweise abtropft. Gleichzeitig ist durch die geringe Oberfläche nur ein beschränkter Sauerstoffaustausch möglich. In den meisten Fällen war das Holzgitter aus Buchen- oder Birkenholz. Alle anderen Holzarten verändern den Geschmack durch das Einbringen von Gerbstoffen in den fertigen Essig.
- **Buchenholzspäne:** In weiterer Folge und zur Vergrößerung der Oberfläche werden Buchenholzspäne verwendet. Mit diesen grob gehobelten Spänen erzielt man eine große Oberfläche und dadurch einen besseren Sauerstoffaustausch. Gleichzeitig er-

reicht man damit auch eine längere Lebensdauer der Trägersubstanz, weil bis zur vollständigen Verschleimung mehr Zeit vergeht. Andere Spanarten als Buchenholz sind aufgrund ihres Gerbstoffgehaltes nicht zu empfehlen. Bei zu fein gehobelten Spänen ist die Reinigung oft ein Problem. Die Späne müssen vor dem Befüllen der Gebinde vollständig von Staub und anhaftendem Schmutz befreit werden. Durch die Wasseraufnahme des trockenen Holzes klebt der Staub leicht an. Der anhaftende Staub würde sich dann (je nach Verfahren) im Essig verteilen und dadurch einen größeren Filtrationsaufwand notwendig machen.

- **Maisspindeln:** Die Spindeln von Maiskolben eignen sich wegen der großen Oberfläche und der doch recht großen Teilgröße sehr gut als Trägermaterial bei den einzelnen Fesselverfahren. Ein Vorteil gegenüber den Buchenholzspänen ist dabei auch die leichtere Reinigung, da die Spindeln das Waschwasser nicht aufnehmen. Die Spindeln können entweder im Ganzen oder zerteilt eingebracht werden, wobei eine Zerteilung eine weitere Oberflächenvergrößerung bewirkt.

- **Kämme der Weinbereitung:** Beim Rebeln der Weinbeeren fallen die Kämme als Rückstände an. Der Wuchs der Kämme ist sperrig, und sie sind unterschiedlich dick, das führt zu einer sehr lockeren Füllung mit großen Zwischenräumen. Durch diese großen Zwischenräume kommt es zu einer recht guten Belüftung. Gleichzeitig sind auf den Kämmen schon von Natur aus relativ große Mengen an Essigsäurebakterien. Allerdings entsprechen diese meistens nicht den Anforderungen, um einen guten Essig zu erzeugen. Ein weiterer Nachteil ist die teilweise Auslaugung von Gerbstoffen und die damit verbundene Geschmacksbeeinflussung.

In unserer Region werden vorwiegend Buchenholzspäne und Maisspindeln verwendet. Im kleinen Rahmen, bei kleinen Gärbehältern ist durch deren Einfachheit allerdings den Maisspindeln der Vorzug zu geben. Die Trägersubstanz sollte aber auf keinen Fall zu lange, maximal ein Jahr, im Behälter verbleiben, damit es zu keiner negativen Geschmacksbeeinflussung kommt. Wird die Trägersubstanz länger benutzt, so kann der Essig dumpf zu schmecken beginnen. Frische Buchenspäne, wenn sie nicht vorgewässert werden, erzeugen einen holzigen oder herben Geschmack. Ein adstringierender Ton, den frische Spanfüllungen und auch Metall verursachen, ist im Essig nicht erwünscht.

Boerhaveverfahren

Bei diesem Verfahren werden Gärbottiche mit der Trägersubstanz befüllt. Meistens werden Buchenholzspäne verwendet. Die Trägersubstanz wird mit einem Grundprodukt, welches einen Alkoholgehalt unter 6%vol aufweist, übergossen. Dieser Most oder Wein wird dann vor der Befüllung mit Essigbakterien beimpft. Es ist darauf zu achten, daß die Buchenspäne vollständig überschichtet werden. Der niedrige Alkoholgehalt ist bei der Erstbefüllung notwendig, um den Bakterien keinen Alkoholschock zu versetzen, wodurch sie in ihrer Aktivität beeinträchtigt werden würden. Nach Befüllung findet die Gärung ebenfalls noch ohne Bewegung statt. Die Belüftung erfolgt alle Wochen, indem die Flüssigkeit abgelassen wird. Danach wird der angegorene Essig neuerlich über die Späne gegossen. Wenn der Essig den gewünschten Säuregehalt hat, kann er entnommen und der Behälter neuerlich befüllt werden. Durch die Temperatur und die Anzahl der Entnahmen kann eine gewisse Steuerung erfolgen. Gleichzeitig erfolgt bei der Entnahme größerer Mengen auch eine Kühlung, so daß zu hohe Temperaturen vermieden werden können. Es ist jedoch auch hier darauf zu achten, daß die Temperatur nicht unter 26°C sinkt. Bei Wiederbefüllung mit neuem Grundmaterial sollten ungefähr 10% der Essigmenge im Bottich verbleiben, denn dann können auch Getränke mit höherem Alkoholgehalt eingefüllt werden, ohne daß die Essigbakterien beeinträchtigt werden.

Vorteile
- Geringe Investitionskosten (nur ein Bottich und Späne sind notwendig)
- Keine Energiekosten bei Vergärung im Sommer
- Geringer Arbeitsaufwand, da nur die Umfüllung notwendig ist

Nachteile
- Längere Gärdauer, weil keine kontinuierliche Belüftung erfolgt
- Bei nicht schneller Neubefüllung teilweise Verderb und Absterben der Bakterien
- Eine Steuerung ist nur bedingt möglich (Wechselgeschwindigkeit und Anzahl der Belüftungen)

Drehbildnerverfahren

Dieses Verfahren kommt vom Drehwendefaß. Ein liegendes Holzfaß wird der Länge nach durch einen gelöcherten Boden geteilt. Eine Hälfte des geteilten Fasses wird mit Buchenspänen oder Maisspindeln befüllt. Der andere Teil bleibt frei. Über der Mittelachse sind Öffnungen, damit die Luft ungehindert dazu kann. Das Faß wird dann zur Hälfte befüllt. Während des Wendevorganges, der täglich einmal erfolgen sollte, werden dann die Luftzutrittslöcher geschlossen, um ein Auslaufen zu verhindern. Durch die regelmäßige Belüftung der Späne kommt es zu reichlicher Sauerstoffzufuhr, was eine schnelle und recht gute Gärung bewirkt. Wichtig ist aber auch bei diesem Verfahren, wie bei allen anderen, daß man streng darauf achtet, daß die Temperatur nicht absinkt.

Dieses Drehbildnerverfahren funktioniert nicht nur mit Holzfässern, sondern hier kann auch die moderne Technologie zum Einsatz kommen. So eignen sich beispielsweise ausrangierte Behälter, die zur Rotweinbereitung verwendet wurden, hervorragend für dieses Verfahren. Die verschiedenen Möglichkeiten, Behälter dazu zu bringen, sich zu drehen, sind eine Herausforderung für jeden Bastler, denn besonders bei Kleinmengen lohnt es sich zu experimentieren. Obwohl man mit dem Drehbildnerverfahren gute Erfolge erzielt, zählt es noch nicht zu den leistungsfähigsten Verfahren. Der Essig kann allerdings bei gleichbleibender Temperatur schon nach einer Woche fertig sein, so daß auch hier bei stetiger Befüllung große Mengen erzeugt werden

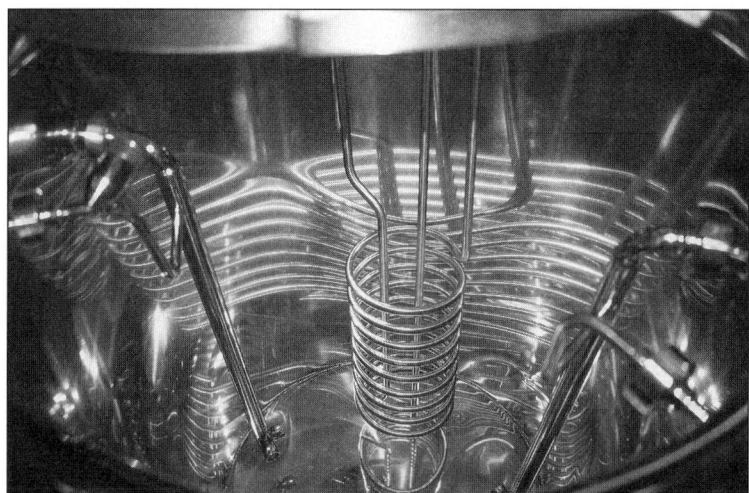

Innenansicht einer Submersanlage mit Kühlspirale

können. Wenn der Essig den gesetzlichen Anforderungen entspricht, so werden ungefähr 80% abgelassen. Der Rest verbleibt, wie bei den bisherigen Verfahren, im Behälter, um als Bakterienquelle für die nächste Füllung zu dienen.

Vorteile
- Regelmäßige Durchlüftung ohne besonderen Mehraufwand
- Zeitlich steuerbar mittels Drehhilfen
- Schnelle Vergärung bei optimaler Temperatur
- Geringe Kosten im Eigenbau oder bei Verwendung von Holzfässern

Nachteile
- Fertige Behälter sind fast nicht erhältlich (nur Sonderanfertigungen vom Faßbinder, die allerdings teuer sind)
- Verbesserte Formen sind technologisch schon relativ aufwendig
- Einfache Geräte müssen mit der Hand bedient werden

Schützenbachverfahren

Das Schützenbachverfahren ist derzeit das beste und einfachste für den kleinbäuerlichen Bereich. Dieses Verfahren unterscheidet sich gegenüber dem Boerhave- und dem Drehbildnerverfahren hauptsächlich dadurch, daß die Trägersubstanz nie ganz in der Flüssigkeit ist.

Beim Schützenbachverfahren werden Essigbildner verwendet, die in der Regel eine Höhe von zwei Metern und einen Durchmesser von einem Meter haben. Im oberen Drittel befindet sich eine Zwischenschicht, die aus einem gelochten Boden besteht.

Als Materialien hierfür eignen sich:

- Holz
- glasfaserverstärkte Kunstharztanks
- Steingutbehälter
- Edelstahlbehälter

Der gelochte Boden kann entweder aus Edelstahl oder aus Holz sein. Er trennt die Trägersubstanz vom Essig. Der Boden wird bis knapp unter der Oberfläche mit Spänen oder Maisspindeln befüllt, wobei sich hier die Maisspindeln als vorteilhafter erwiesen haben. Ein Ablaufhahn am Boden ist unbedingt notwendig. Mit dem Hahn wird dann während der Vergärung zu Essig immer wieder der Essig entnommen, der oben erneut aufgebracht wird. Die kontinuierliche Sauerstoffzufuhr kann ebenfalls von unten erfolgen. Zumeist genügt aber der Sauerstoff, der von oben mit den flüssigen Teilchen mitgerissen wird.

Das Schützenbachverfahren arbeitet folgendermaßen:

Das Trägermaterial wird mit Essigbakterien beimpft. Gleichzeitig erfolgt eine Beimpfung des Rohproduktes, das bei erstmaliger Befüllung nicht mehr als 6%vol Alkohol aufweisen sollte. Die Befüllung des Behälters erfolgt dann von oben, möglichst gleichmäßig über das Trägermaterial verteilt. Als Verteiler können Brausen, Sprühstege oder kleine Spritzköpfe verwendet werden. Der Gärständer wird dann solange befüllt, bis ungefähr 80% der möglichen Füllmenge unterhalb des Zwischenbodens voll sind, dann sind alle Bakterien in das Getränk eingebracht. Wer keine neuen Bakterienkulturen zur Verfügung hat, kann sich auch mit Essig, der in Gärung ist, oder mit einer gesunden Essigmutter behelfen.

Danach wird der Essig mehrmals täglich von unten nach oben gepumpt. Beim Zurückrinnen nach unten streicht er am Trägermaterial, das sich allmählich mit einer Essigmutter überzieht, vorbei. Durch die Sauerstoffeinbringung von unten, die ebenfalls, wie schon beim offenen Gärverfahren beschrieben, mittels Verteilerfritten erfolgen kann, kommt es zu einer regelmäßigen Belüftung. Die Luft muß durch das Aufsteigen auch durch die Trägerschicht durch, was zu einer intensiven Vermehrung der Essigbakterien führt. So wird immer frischer Sauerstoff im Gegenstrom am Essig vorbeigeführt.

Das Rundpumpen sollte periodisch mehrmals täglich erfolgen. Gut bewährt hat sich sechsmal am Tag, jeweils ungefähr 15 Minuten lang zu pumpen. Dabei kommt es aber auch auf die Leistung der Pumpe an. Es genügen durchaus kleinste Leistungen, wenn man bereit ist, länger zu pumpen. Ein dauerndes Pumpen führt allerdings nicht immer zu befriedigenden Ergebnissen, da der eingebrachte Sauerstoff nicht so schnell umgesetzt werden kann. Dazu kommt, daß sehr hohe Energiekosten entstehen. Die Steuerung der Pumpe erfolgt mittels Zeitschaltuhr. Das Trägermaterial soll aber auch nie vollständig abtrocknen, um eine Schädigung der Bakterien zu vermeiden. Besonders wichtig ist, daß die Temperatur von ungefähr 28° C immer beibehalten wird.

Vorteile

- Recht gute Ergebnisse im Kleinbetrieb
- Verhältnismäßig billige Anschaffungskosten
- Durch Raumtemperatur leicht steuerbar
- Geräte können ohne großen Arbeitsaufwand betrieben werden
- Belüftung von unten reguliert Sauerstoffaufnahme im Gegenstrom

Nachteile

- Energiekosten durch Pumpe, vor allem bei dauerndem Betrieb
- Selbsterhaltung der Temperatur bei Heizungsausfall ist nicht möglich
- Automatisierung nur bedingt möglich

Rundpump- oder Generatorverfahren

Das Generatorverfahren, auch Großraumbildner- oder Rundpumpverfahren genannt, arbeitet prinzipiell ähnlich dem Schützenbachverfahren. Der Essigbildner ist allerdings um einiges größer. Diese Größe macht während des Rundpumpens eine Kühlung der Maische notwendig. Würde der gärende Essig hier nicht gekühlt werden, würden die Essigbakterien in kurzer Zeit durch die dabei entstehende zu große Wärme geschädigt werden.

Gewöhnlich weisen diese Essigbildner, die vorwiegend aus Holz gebaut werden, eine Höhe von 4–5 Meter auf. Ihr Durchmesser beträgt zwischen 3,5 und 4 Meter. In diesen Generator werden dann auf einem Lochboden bis 60 m³ Späne, die fast immer aus Buchenholz sind, gefüllt. Es gibt aber auch extrem große Bildner, die bis zu 250 m³ Späne fassen können.

Der umzuwandelnde Alkohol wird wie beim Schützenbachverfahren von oben gleichmäßig über die Späne verteilt. Die Flüssigkeit sickert dann von oben nach unten durch. Dabei wird alle Meter die Temperatur gemessen, um Überhitzungen zu vermeiden. Ebenso wie beim Schützenbachverfahren, wird auch hier die Luft von unten eingebracht. Die Luftzufuhr erfolgt mittels Ventilator und Einbringdüse im Gegenstrom, um eine möglichst gute Sauerstoffausnutzung zu erreichen.

Der beginnende Essig wird am Boden des Essigbildners mittels Pumpe entnommen und nach oben geführt.

Zwischen Entnahmestelle und Aufbringstelle ist eine Kühlanlage, wie bei der Brandbereitung, angebracht. Der Kühler ist zumeist ein Röhrenkühler, um Platz zu sparen und eine entsprechende Kühlleistung zu erreichen. Die Flüssigkeit wird auf die vom Essigbildner benötigte Temperatur abgekühlt. Dies ist durch die vorher erwähnten Messungen möglich. Über die Menge, die aufgebracht wird, sowie über die Steuerung der Luftzufuhr in den Essigbildner und die Temperatur der aufgebrachten Flüssigkeit kann eine Überhitzung im Generator verhindert werden. Die Arbeitstemperatur beträgt auch hier zwischen 28 und 32° C. Durch diese Selbststeuerung ist die Essigbereitung von der Außentemperatur weitgehend unabhängig, so daß eine Essigproduktion auch in kühlen Räumen möglich ist.

| *Einfache Anlage für das Schützenbach-verfahren (Deckel fehlt)* | *Einsatz aus Edelstahl für die Trägersubstanz (Maisspindeln oder Holzspäne)* |

Die Leistung dieser Generatoren beträgt täglich ca. 5 Liter Alkohol oder mehr pro m^3 Späne. Somit erfolgt in 8–10 Tagen eine Umwandlung des Alkohols in Essigsäure mit einer Ausbeute von mehr als 90%, was als sehr gut zu bezeichnen ist. Wenn der Essig fertig ist, wird ebenfalls nicht der gesamte Essig entnommen, sondern es verbleibt auch hier wieder ein Rest im Gerät. Durch diesen Rest erfolgt einerseits eine direkte Beimpfung mit Essigbakterien, andererseits aber auch eine Reduzierung des Alkohols, damit Bakterienschädigungen vermieden werden. Großraumbildner werden und wurden bis vor kurzem als Hauptproduktionstechnologie für die Essigbereitung eingesetzt. Kleine Essigbildner können auch in der bäuerlichen Obstverarbeitung verwendet werden. Großgeräte überschreiten die Kapazitäten bei weitem.

Vorteile
- Gerät steuert sich selbst
- Hohe Durchsatzleistungen bei bester Oxidation
- Sehr gute Qualität
- Große Produktionsmengen möglich
- Nicht abhängig von der Außentemperatur
- Beinahe vollautomatisch

Nachteile
- Für bäuerliche Betriebe meist zu groß
- Hohe Anschaffungskosten
- Nicht letzter Stand der Technologie

Submersgärverfahren

Das submerse Durchlüftungsverfahren ist der letzte Stand der Technologie. Dabei erfolgt eine intensive Durchlüftung im Behälter. Die ständig belüftete Flüssigkeit wird durch frei schwebende Bakterien in Essigsäure umgewandelt. Aufgrund der unterschiedlichen Verfahren können zwei Systeme unterschieden werden.

Kleinanlagen ohne Turbine

Dieses System, das von der Firma „Labor Buchrucker" in Zusammenarbeit mit dem Autor entwickelt wurde, ist besonders für bäuerliche Betriebe und Kleinproduzenten geeignet. Die Größen variieren von 20 bis 600 Liter Füllmenge. In dieser Anlage wird die eingefüllte alkoholhältige Flüssigkeit durch ständiges Pumpen und Belüftung mit Venturidüsen sowie einer Luftzerkleinerung in gewellten Rohren zu Essig umgewandelt. Der kesselartige Aufbau führt zu einer intensiven Verwirbelung. Die Kühlung ist als selbstregelnder Schlangenkühler ausgeführt.
Die Arbeit des Produzenten beschränkt sich auf das Befüllen und Kontrollieren der Temperatur und Säure. Der Ausstoß erfolgt durch die integrierte Pumpe oder durch eine externe Pumpe nach Bestimmung der Säure. Es kann von einer Umwandlung von 1%vol Alkohol zu 1% Säure ausgegangen werden. Somit ist vor der Gärung der Alkoholgehalt zu kennen. Etwa die Hälfte wird entnommen und anschließend neu befüllt. Gewöhnlich werden Alkoholwerte zwischen 5,5 und 7%vol verarbeitet. Werte, die darüber liegen, sollten vorher unbedingt verdünnt werden, um eine Zerstörung der Bakterien durch zu hohen Alkoholgehalt zu verhindern. Die Vergärung erfolgt gewöhnlich in einem Zeitraum zwischen 2 und 6 Tagen, was einerseits vom Alkoholgehalt und andererseits vom Ausgangsmaterial abhängt.

Vorteile
- Vollautomatischer Betrieb
- Keine Verschleimung
- Gleichbleibende Essigqualität bei gleicher Rohware
- Säuregehalt kann genau gesteuert werden
- Geringer Personalaufwand
- Alle Obstarten möglich

Nachteile
- Tägliche Säurekontrolle notwendig
- Etwas teurer als einfache, selbstgebaute Fesselverfahren
- Kleinanlagen nur für den Hobbybereich interessant.

Großfermenter mit Turbine

In dieser Anlage wird der Alkohol in der ständig belüfteten Maische durch frei schwebende Essigbakterien in Essigsäure umgewandelt. Dabei kommt es zu keiner Verschleimung der Trägersubstanz und zu einer besonders reinen Essiggärung.

Diese Anlage besteht gewöhnlich aus dem Fermenter zur Essigbereitung, einem speziellen Belüfter auf Turbinenbasis, der Schaumabtrenneinrichtung, einem Ausstoßtank, dem Kühler und der automatischen Regeleinrichtung. Im Fermenter erfolgt unter ständiger Belüftung eine Verwirbelung. Die Einbringung von Sauerstoff geschieht durch den am Boden befindlichen Belüfter, der gleichzeitig eine Rotation des Essigs hervorruft. Die Bakterien sind direkt im Essig, so daß eine Verschleimung nicht mehr möglich ist. Der fertige Essig, der durch die Regeleinrichtung automatisch ausgestoßen wird, kommt dann in den Austoßtank und wird von dort weg weiter behandelt. Wichtig ist hierbei eine schnelle Filtration, um die Bildung einer Essigmutter zu vermeiden. Bei größeren Anlagen wird hauptsächlich mit Strömungsfiltern gearbeitet. Je nach Größe des Acetators ist eine Produktionskapazität zwischen 75 und 600 Liter Alkoholumsatz täglich möglich. Die kleinste Anlage, die derzeit in Serie produziert wird, ermöglicht eine maximale Produktion von 21.000 Liter Essig, bei einem Säuregehalt von 10%. Dabei wird allerdings mit Essigbakterien in Reinkultur gearbeitet, um jegliche Fehler zu vermeiden.

Bei der Produktionsart wird hierbei zwischen

- niedrigprozentiger Gärung und
- hochprozentiger Essiggärung

unterschieden.

Niedrigprozentiger Essig

Von niedrigprozentigem Essig spricht man dann, wenn der Essigsäuregehalt unter 9% liegt. Bei diesem Essig, der von bäuerlichen Betrieben hauptsächlich produziert wird, besteht nur die Gefahr, daß er während der Erzeugung mit fremden Bakterien infiziert wird. Bei der erstmaligen Befüllung wird eine Mischung aus Fruchtwein und in Gärung befindlichem Essig eingefüllt. Nachdem es am Anfang notwendig ist, möglichst große Mengen an Bakterien zu erzeugen, wird ohne Frischluftzufuhr gearbeitet. Erst wenn genügend Grundbakterien vorhanden sind, wird Frischluft zugeführt, weil dann keine Alkoholverluste mehr auftreten können. Wenn dann der Alkoholgehalt unter 0,3%vol gesunken ist, wird der Essig vom Acetator ausgestoßen und in den Reifetank gepumpt. Es verbleibt ein Teil (ungefähr 50%) des fertigen Essigs im Tank, um eine Beimpfung der neuen Befüllung zu erreichen. Bei kontinuierlichem Betrieb wird immer so viel Essig entnommen, daß eine Neubefüllung den Alkoholgehalt nicht über 0,3%vol ansteigen läßt. Durch die vollautomatische Steuerung braucht der Acetator nicht einmal überwacht zu werden.

Hochprozentiger Essig

Diese Form der Essigbereitung ist für die bäuerliche Produktion eher ungeeignet. Mittels spezieller Bakteriennahrung und Enzymeinsatz wird der hohe Alkoholgehalt für die Bakterien verträglich gemacht. Es wird schon von Beginn an mit einer sehr hochprozentigen Grundlage, meistens mit einem hochprozentigen Essig, gearbeitet. Der Grundgehalt an Essigsäure soll bereits vor der Vergärung ungefähr 7% betragen. Der restliche Gärvorgang entspricht dem vorher beschriebenen chargenweisen Betrieb.

Vorteile

Siehe Kleinanlagen ohne Turbine

Nachteile

- Für Kleinbetriebe nur gemeinschaftlich interessant
- Relativ hohe Kosten
- Kann nur in wenigen Fällen voll ausgenutzt werden

Verfahren der Balsamessigproduktion

Balsamessig, eine Spezialität des Raumes um Modena (Italien), zählt zu den teuersten Essigarten, die unsere Küche kennt. Er wird von manchen als Krönung der Essigproduktion bezeichnet. Was verleitet nun Konsumenten dazu, für einen fast schwarzen Essig einen derart immensen Preis zu bezahlen, für den er von anderen Essigarten schon beinahe ein Faß oder einen Kanister voll bekommen könnte? Balsamessig wird in einem traditionellen Verfahren erzeugt, das bisher noch keiner Modifizierung unterzogen wurde, so daß er heute genauso wie vor hundert Jahren schmeckt. Ein guter Balsamessig kann 30 und mehr Jahre brauchen, bis er seine unverwechselbare Qualität erreicht. Was ist nun das „Geheimnis" dieses Essigs, und wie wird er produziert?

Balsamessig wird aus Trauben bereitet. Im Gebiet um Modena wird hauptsächlich die Trebbianotraube verwendet, die einen hellen Weißwein mit würzigem Aroma ergibt. Der Wein wird zumeist trocken ausgebaut. Vielfach wird die Trebbianotraube auch zur Sektbereitung verwendet. Es können aber beinahe alle Weißweinsorten und auch Fruchtweine zur Balsamessigbereitung verwendet werden. Von den Fruchtweinen allerdings nur Apfel- oder Birnenwein, da Beeren- oder Steinobst vollkommen untypische Produkte ergeben würden.

Wichtig ist eine vollreife Grundware mit einem möglichst hohen Zuckergehalt, um dem Balsamessig seine spezielle Würze zu verleihen.

Die Trauben werden gerebelt und in Gärung gebracht. Nach kurzer Angärzeit, vor der stürmischen Gärung, wird dann der Saft abgeseiht und gepreßt. Dieser in Gärung befindliche Wein wird nun langsam unter ständigem Kochen bis auf die Hälfte des Ausgangsvolumens eingedickt. Mit diesem Eindickvorgang wird die Gärung unterbrochen und der Extraktgehalt erhöht.

Je flacher die Eindickpfanne ist, um so schneller geht das Eindicken vor sich. Die Eiweißverbindungen, die während dieser Zeit als weißer Schaum an die Oberfläche steigen, werden ständig abgeschöpft.

Dieses Konzentrat läßt man auskühlen, und es wird entsäuert, wenn der Weinsäuregehalt zu hoch ist. Durch diese Standzeit setzen sich auch viele Gerbstoffe und das gesamte thermolabile Eiweiß, welches später Trübungen verursachen könnte, am Boden ab. Nach ungefähr drei Tagen Standzeit wird das Mostkonzentrat in das Essigfaß gefüllt.

Ein „Geheimnis" der Balsamessigbereitung ist die lange Gärdauer, wobei Zucker in Alkohol und dieser dann in Essigsäure umgewandelt wird. Ein weiteres „Geheimnis" ist die Verwendung verschiedener dunkler Holzarten, wie Eiche, Maulbeere und Kastanie. Jede dieser Holzarten bringt einen typischen, unverwechselbaren Charakter in den fertigen Essig ein.

Zur Balsamessigbereitung sind verschieden große Holzfässer nötig, die auch aus den eben genannten Holzarten bestehen können.

Empfehlenswert sind je ein Faß zu 100 Liter, 70 Liter, 50 Liter, 30 Liter und zu 10 Liter. Das erste Faß wird nun mit dem eingedickten, angegorenen Most befüllt. Dazu kommen noch einige Liter eines gerade in Gärung befindlichen Blasamessigs oder, falls dieser nicht vorhanden ist, eines gewöhnlichen in Gärung befindlichen Essigs. Wichtig ist, daß das Faß nie zur Gänze befüllt wird, damit genügend Sauerstoff für die Essiggärung Platz hat. Gleichzeitig muß auch hier die Temperatur konstant gehalten werden. Besonders wichtig ist bei dieser Form der Essigbereitung, daß die Umgebungsluft nicht zu feucht ist, damit eine weitere Konzentration durch Verdunstung über die Faßdauben erfolgen kann.

Der Essig verbleibt nun im ersten Jahr in diesem Faß. Nach einem Jahr, das heißt, sobald der nächste Konzentratmost vorliegt, wird er ins nächstkleinere Faß umgefüllt. Der neue Konzentratmost im ersten Faß wird nun mit dem in Gärung befindlichen Essig aus dem zweiten Faß beimpft und aufgefüllt, damit auch im zweiten Faß ein Luftraum entsteht. Wichtig ist dabei immer, daß zuerst das Faß mit der frischen Grundware befüllt wird und erst dann mit dem Essig aus dem kleineren Faß. Durch die Umfüllung kommt der bereits angegorene Essig mit Sauerstoff in Berührung, so daß die Gärung weitergehen kann. Nach einem Jahr erfolgt die nächste Umfüllung ins nächstkleinere Faß. Nach fünf Jahren kann dann dem letzten Faß Balsamessig entnommen werden. Durch die starke Verringerung der Menge und durch das hohe Alter erklärt sich auch der hohe Preis. Es gibt Verfahren, bei denen der Essig fünfundzwanzig Jahre braucht, bis er entnommen werden kann, doch diese Zeitspanne will ich dem geneigten Leser nicht zumuten.

Wichtig ist jedenfalls die Rückbefüllung mit älterem Essig, denn nur dann erhält man diese hochwertige Qualität.

Durch die Auslaugung der Holzverbindungen und durch das Einkochen kommt es zur dunklen Farbe. Nachdem der gesamte Zucker nie vergoren werden kann, schmeckt ein solcher Essig immer süßlich und wird deshalb besonders zur Abrundung vieler Speisen, aber natürlich auch für Salate verwendet.

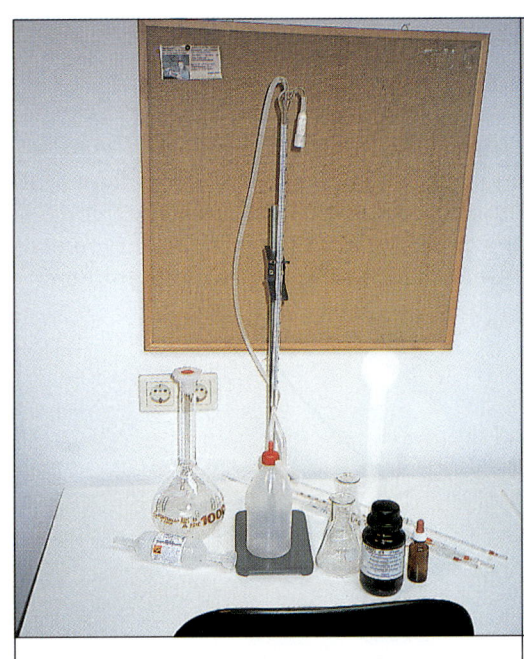

Ausrüstung zur Säurebestimmung

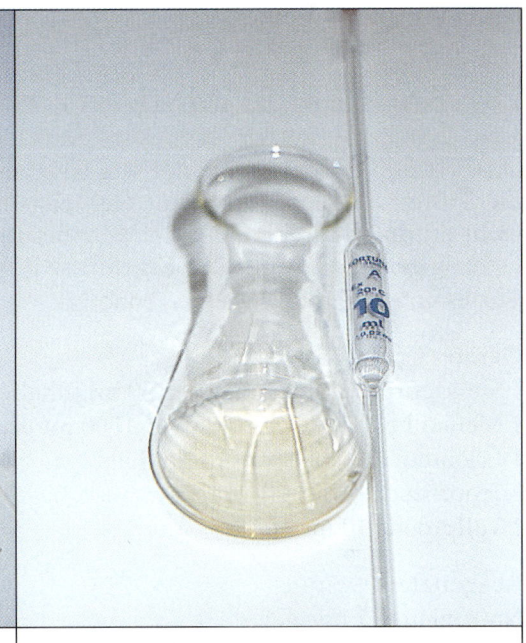

10 ml Essig werden vorgelegt

Rosa Farbumschlag – hier wurde richtig titriert

Zu hohe Laugenzugabe

DIE SÄUREBESTIMMUNG

Die Bestimmung der Säure im Essig ist etwas schwieriger als im Most. Vor allem muß die Säure hier genau bestimmt werden, um den gesetzlichen Mindestwert von 5% nicht zu unterschreiten. Bei der Bestimmung mittels Blaulauge sind die Ergebnisse nicht so genau, da für exakte Ergebnisse große Mengen verwendet werden müßten. Zur Essigbestimmung werden benötigt:

Geräte
1 Standbürette mit mindestens 50 ml Inhalt
1 Meßkolben mit Ringmarke für 1000 ml und Stopfen
1 Erlenmeyerkolben 100 ml Enghals
1 Tropfflasche oder 1 Tropfer
1 Vollpipette 10 ml

Reagenzien
Natronlauge 1 normal
Phenolphtaleinlösung als Indikator

Für die Essigbestimmung werden im 200 ml Erlenmeyerkolben 10 ml Essig vorgelegt. Die Menge von 10 ml wird mit der Vollpipette gemessen. Anschließend werden drei Tropfen Phenolphtalein in den Essig gegeben. Die Titration mit Natronlauge erfolgt solange, bis eine blaßrosa Färbung auftritt. Danach wird der Verbrauch in ml abgelesen. Die Berechnung sieht folgendermaßen aus:

$$\% \text{ Essigsäure} = \text{Verbrauch ml Natronlauge} \times 0{,}6$$

DIE STABILISIERUNG UND KLÄRUNG

Stabilisierung

Schon sehr früh entdeckten findige Verarbeiter, daß durch Zugabe verschiedener Trennsäfte eine Klärung erreicht werden kann. Diese Trennsäfte stammten anfangs immer von Mostbirnen oder Speierlingen, was auf den hohen Gerbstoffgehalt zurückzuführen ist.
Diese Mittel bezeichnete man als Schönungsmittel, wegen der Verschönerung des Saftes.
Jede Schönung verfolgt verschiedene Ziele.

Ziele der Schönung
- Eine Vorklärung, um die nachfolgende Trubabtrennung zu erleichtern.
- Eine Stabilisierung aller im Produkt vorhandenen Stoffe, damit das blanke Getränk in der Flasche nicht trüb wird.
- In manchen Fällen eine Verbesserung des Geschmacks.

Die Hauptaufgabe der einzelnen Schönungsmittel besteht darin, ein Produkt zu schaffen, welches frei von Trübungsstoffen ist. Weiters ist eine Stabilisierung der wichtigsten Inhaltsstoffe vor nachfolgenden, beim fertigen Essig auftretenden Trübungen notwendig. Hier insbesondere Eiweiß und, vor allem bei der Verwendung von Mostbirnen zur Essigbereitung, die Stabilisierung der Gerbstoffe, die sich im Geschmack durch einen zusammenziehenden Ton bemerkbar machen.
Für die Essigproduktion kommen nur einige wenige Schönungsmittel in Frage. Diese sind:

Gelatine
Gelatine, die als Speisegelatine eingesetzt wird, dient zur Klärung und einer teilweisen Geschmacksverbesserung durch den Entzug von gerbenden Stoffen.
Gelatine wird trocken als Blatt- oder Pulvergelatine angeboten. Die Anwendung erfolgt nach Vorproben mit einer 1%igen Gelatinelösung. Gewöhnlich liegt diese Menge zwischen 5 und 30 g/hl oder 20 bis 150 ml/hl.

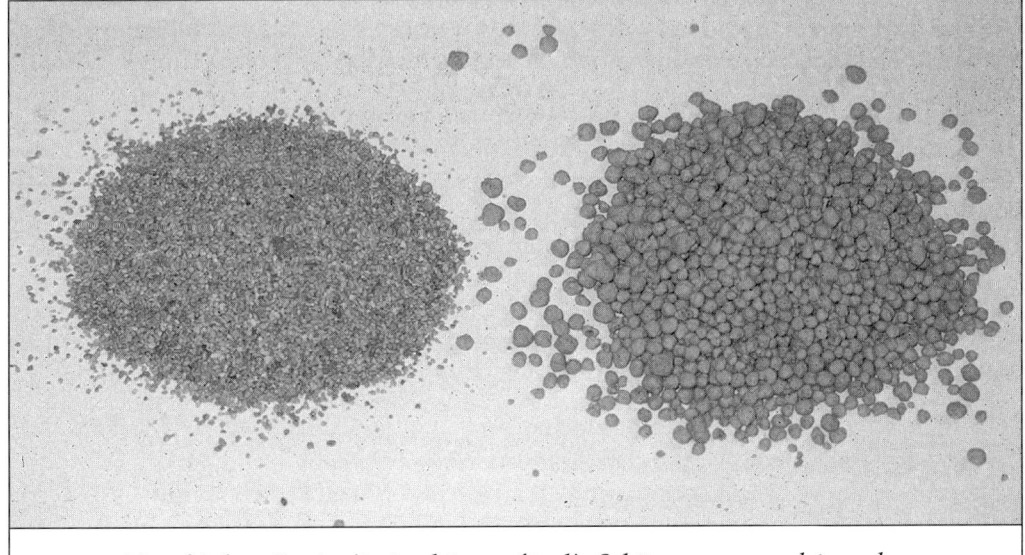

Verschiedene Bentonitarten können für die Schönung verwendet werden

Kieselsol

Kieselsol besteht aus einer 15–30%igen Kieselsäurelösung und wird zur Klärung von Säften verwendet. Die Verwendung erfolgt immer gemeinsam mit einer Gelatineschönung. Vorproben sind meistens nicht notwendig, da Kieselsol in einer Menge, die zehnmal so hoch ist wie die der Gelatine, angewandt wird.

Bentonit

Bentonit dient dazu, das Eiweiß der Frucht zu entfernen. Gleichzeitig entziehen Bentonite auch unangenehm schmeckende Bitterstoffe aus dem Grundwein. Es können auch Trägerstoffe von Spritzmitteln sowie Schwermetalle (Luftverschmutzung) entzogen werden. Bentonite sind hochquellfähige Tonerden. Bei der Saftbereitung werden durchwegs Mischbentonite verwendet. Diese Bentonite können in ihren mikroskopisch kleinen Poren Eiweiß einlagern und auf diese Art und Weise aus dem Saft entfernen. Gewöhnlich werden 300 g/hl angewandt.

Das verwendete Bentonit muß zehn Stunden vorgequollen werden und kann dann zugesetzt werden. Nach der Zugabe muß das verwendete Bentonit ungefähr fünfzehn Minuten in Schwebe gehalten werden.

Der Einsatz der verschiedenen Behandlungsmittel hängt von dem gewünschten Endprodukt ab.

Empfehlenswert zur Stabilisierung von Essig sind demnach eine Gelatineschönung, sofern sie nicht schon beim Grundprodukt gemacht wurde, und eine Eiweißstabilisierung. Diese ist nochmals durchzuführen, auch wenn sie schon beim Ausgangswein gemacht wurde, weil während der Gärung immer wieder Eiweißverbindungen entstehen, die dann beim fertigen Essig zu Trübungen durch Temperaturveränderungen führen.

Stabilisierung von Gerbstoffen und Vorklärung vor der Filtration

Die Gerbstoffe im fertigen Essig werden durch eine Gelatineschönung vollständig stabilisiert. Die Gelatineschönung erfolgt hier mit flüssiger oder pulvriger Gelatine nach Vorproben. Damit die Gelatineschönung, die gleichzeitig eine Vorklärung bedingt, auch entsprechend wirkt, wird gewöhnlich noch Kieselsol als Absetzhilfe verwendet. Die Absetzzeit beträgt zwischen ein und drei Tagen im fertigen Rohessig in einem speziellen Tank. Eine Schönung im Gärbehälter, egal welcher Art, kann zu einer Beeinträchtigung der Essigbakterien führen und ist zu vermeiden. Der Schönungstrub setzt sich dann ab und kann vor der Flaschenfüllung durch Filtration vollständig entfernt werden.

Stabilisierung von Eiweiß und Bakterien

Die Eiweißstabilisierung ist bei der Essigproduktion beinahe unumgänglich, um ein vollkommen blankes Produkt längere Zeit zu erhalten. Gewöhnlich kommt es ohne Eiweißstabilisierung bei starken Temperaturschwankungen zu einem Ausflocken des thermolabilen (temperaturabhängigen) Eiweiß. Dieses kann durch zwei Methoden entfernt werden.

- Schönung mittels Bentonit

  Bei der Bentonitschönung wird das thermolabile Eiweiß vom Bentonit aufgenommen und aus dem fertigen Essig entfernt. Ob eine Schönung notwendig ist, wird entweder durch einen „Kälte-Wärme-Test" oder durch einen Bentotest festgestellt. Am einfachsten ist der Kälte-Wärme-Test, bei dem der Essig zuerst im Kühlschrank gekühlt und anschließend auf ungefähr 50° C erhitzt und dann wieder rückgekühlt wird. Treten hier Trübungen auf, so ist das Eiweiß im Essig nicht stabil, und der Essig muß geschönt werden. Die Menge kann entweder durch Vorproben ermittelt werden, oder es werden pauschal 300 g/hl angenommen.

  Der Bentotest, der fertig erhältlich ist, zeigt an, ob Bentonit notwendig ist. Nach der Bentonitschönung wird der fertige Essig wieder vom Trub abgezogen und kann in Flaschen gefüllt werden.

- Erhitzung auf 60–65° C mit anschließender Rückkühlung

  Dieses Verfahren ist zwar etwas energieaufwendiger als die Bentonitschönung, führt aber ebenso sicher zum Ziel. Durch die Temperatur von 60–65° C wird das Eiweiß zerstört und flockt aus. Der Vorteil dieses Verfahrens gegenüber der Schönung ist, daß die Bakterien, besonders die nicht erwünschten Schleimbakterien, zerstört werden. Die Schleimbakterien führen oft in der Flasche zur Bildung der Essigmutter. Allerdings ist bei diesem Verfahren eine Geschmacksbeeinträchtigung, besonders wenn der Essig nicht sofort nach der Erhitzung rückgekühlt wird, zu bemerken. Die Rückkühlung kann durch einen zweiten Wärmetauscher erfolgen. Als besonders gut hat sich hier das Prinzip der Plattenwärmetauscher erwiesen, das kürzeste Erhitzungszeiten und, bei Verwendung eines zweiten Wärmetauschers, auch eine Rückkühlung ermöglicht. Nach dieser Behandlung flockt das Eiweiß aus und bildet zusammen mit den bereits zerstörten Bakterien am Boden einen Satz, der abfiltriert werden kann.

Klärung

Nachdem ein Teil der Kunden einen vollkommen blanken Essig wünscht, ist es notwendig, unseren fertigen Essig vor dem Verkauf einer Klärung zu unterziehen, die auch alle Bakterien entfernt. Vor allem die Entfernung der Essigbakterien ist notwendig, damit es zu keiner Überoxidation kommt, was sonst einen zu geringen Säuregehalt oder die Bildung einer Essighaut mit sich bringen würde.

Es gibt drei Arten der Filtration:

Die Schichtenfiltration

Bei der Schichtenfiltration wird durch eine Filterschicht, die aus Cellulose besteht, die trübe Flüssigkeit durchgedrückt. Die Filterschicht hat eine glatte und eine grobe Seite, wobei die grobe Seite immer die Eingangsseite ist. Je nach verwendeter Schicht, wird der Klärungsgrad gesteuert. Zumeist wird mit sehr feinen Klärschichten gearbeitet.

Die Kieselgurfiltration

Diese Form der Filtration, die als Anschwemmfiltration bezeichnet wird, hat ihren Hauptvorteil in der relativ kostengünstigen Arbeit, wobei sehr große Filtrationsmengen möglich sind. Bei der Essigbereitung werden allerdings nur Vorfiltrationen durch Kieselgur gemacht. Ihre Klärschärfe reicht nicht aus, die Bakterien zu entfernen.

Die Membranfiltration

Als neue Form der Filtrationstechnik werden immer mehr Membranfilter eingesetzt. Besonders bei größeren Anlagen ist heute die Filtration durch eine genormte Membran bereits Standard. Wegen der relativ hohen Kosten werden Membranfilter bei der bäuerlichen Essigbereitung allerdings selten verwendet.

Die Sterilfiltration von Essig

Essig, der im Verkauf keine lebenden Bakterien mehr enthalten darf, ist unbedingt mittels Entkeimungsschichten oder Entkeimungsmembranfiltration zu behandeln. Bei dieser Filtration ist es notwendig, daß alle Leitungen, mit denen der Essig in Berührung kommt, steril sind. Eine Sterilmachung kann entweder mittels Wasserstoffperoxid oder durch Wasserdampf erreicht werden.
Dabei wird die Wasserstoffperoxidlösung 20 Minuten im System im Kreis gepumpt, anschließend 20 Minuten stehen gelassen und dann 20 Minuten mit Wasser gespült. Bei der Sterilmachung mit Dampf, die im Kleinbetrieb schwierig ist, wird das gesamte System 20 Minuten lang gedämpft und anschließend gespült. Erst danach kann mit der Filtration und Flaschenfüllung begonnen werden. Als Schichten kommen Sterilschichten in Frage. Bei der Filtration mittels Membranfiltern ist eine völlige Blankfiltration unbedingt notwendig. Im Kleinbetrieb genügt vielfach auch schon eine Filtration mittels Entkeimungsschichten, ohne vollkommene Sterilisation der gesamten Anlage. Besonders wenn der Essig pasteurisiert wurde, genügt die Feinfiltration mit Entkeimungsschichten, um ein stabiles und blankes Produkt zu erhalten. Sofort nach der Filtration muß der blanke Essig in Flaschen gefüllt werden, um eine Verunreinigung, zum Beispiel durch Schimmelpilze, zu vermeiden. Gleichzeitig könnte durch den Sauerstoff und durch die in der Luft umherschwirrenden Essigbakterien eine Neuinfektion erfolgen. Diese Neuinfektion bringt dann hauptsächlich überoxidierende Bakterien mit, die dann die vorhandene Essigsäure veratmen – und das Produkt wird unverkäuflich.

DIE FLASCHENFÜLLUNG

Die Flaschenfüllung erfolgt direkt nach der Filtration in vollkommen saubere, möglichst trockene Flaschen. Vor der Flaschenfüllung sollte der Essig aber in einem Labor oder in einer Untersuchungsanstalt auf seine Verkehrsfähigkeit, besonders Alkohol und

| Einfacher Faltenfilter | Vielfach verwendbarer Kerzenfilter |

Einfache Abfüllvorrichtung mit Blasebalg

Säure betreffend, untersucht werden. Sollte einer der beiden Werte dem Gesetz nicht entsprechen, so kann hier noch eine Weiterbehandlung erfolgen. Zumeist erfolgt die Untersuchung allerdings schon während der Vorbereitungsperiode, das heißt vor den Schönungen, wenn kurz danach die Flaschenfüllung erfolgen soll. Gewöhnlich kann die Flaschenfüllung durch einfache Geräte bewerkstelligt werden. Bei der Befüllung der Flaschen ist auf eine einheitliche Füllmenge zu achten, die der Inhaltsangabe entspricht.

Möglichkeiten zur Flaschenfüllung
- **Einfache Abfüllung mit Schlauch:** Bei dieser Variante, die besonders für Kleinmengen recht gut geeignet ist, wird der gereinigte und filtrierte Essig in einen Behälter gefüllt, der über den abzufüllenden Flaschen steht. Dann wird ein Gummischlauch oder ein lebensmittelechter Schlauch in den Behälter eingeführt. Durch einen Gummiball kann dann im Schlauch ein Unterdruck erzeugt werden, so daß der Essig in die Flasche rinnt. Als Alternative werden auch Geräte mit einem Gummistopfen angeboten, bei denen durch einen Druckball in der Flasche ein Überdruck erzeugt wird, der dann den Essig in die Flasche drückt. Diese Variante ist zumeist besser regelbar. Egal ob mittels natürlichen Unterdrucks oder mittels Überdrucks, eine gleichmäßige Befüllung der Flaschen ist nur bedingt machbar.
- **Abfüllung durch Niveaufüller:** Einfache Niveaufüller, einstellig bis mehrstellig, ermöglichen eine gleichmäßige Füllung aller Flaschen, da das Flüssigkeitsniveau im Vorratsbehälter immer gleichbleibt beziehungsweise durch einen Schwimmer geregelt werden kann. Dabei werden die Flaschen durch eine Hohlstange, die in die Flasche reicht, befüllt. Die Füllmenge kann über den Schwimmer voreingestellt werden. Bei einem mehrstelligen Füller können bereits größere Mengen bewältigt werden. Während die eine Flasche befüllt wird, wird die andere bereits abgenommen. Bei etwas besser ausgestatteten Füllern (bei dreistelligen Füllern ist das schon möglich) brauchen die Flaschen nicht mehr gehalten werden. Wichtig ist, falls der Essig heiß gefüllt wird, daß der Vorratsbehälter unbedingt aus Edelstahl ist, um ein Auslaugen des Weichmachers zu verhindern. Derartige Füller können dann auch für Fruchtsäfte und Obstwein verwendet werden.
- **Rundfüller:** Diese Geräte, die in größeren Betrieben verwendet werden, sind für die Abfüllung ebenfalls geeignet. Wenn nur Essig produziert werden soll, sind sie meistens zu groß dimensioniert. Sie würden allerdings die Möglichkeit bieten, auch Kleinflaschen kontinuierlich zu befüllen.

Aber egal, welches Gerät verwendet wird, wichtig ist, daß immer auf peinliche Sauberkeit vor der Abfüllung geachtet wird. Wir dürfen auch nicht vergessen, daß der Essig sehr bakterienanfällig ist, auch wenn er durch Bakterien entsteht. Wird mit dem Abfüllgerät auch Saft oder Obstwein gefüllt, so ist es vorher unbedingt mit einem für Lebensmittel geeigneten Reiniger zu reinigen. Am besten eignen sich Laugen, die gleichzeitig die Essigsäure binden und somit neutralisieren.

Wenn nun die Flaschen befüllt sind, müssen sie sofort verschlossen werden, um zu verhindern, daß Schimmel, Kahmhefen oder überoxidierende Bakterien in den Essig kommen. Wenn die Flaschen zu spät verschlossen werden, bildet sich bereits nach wenigen Tagen an der Oberfläche eine weiße Haut (Essigmutter oder Kahmhefe). Diese Haut kann zu Beanstandungen durch den Konsumenten führen und sieht auch unappetitlich aus.

Die Flaschenverschlüsse

Zum Verschließen dürfen nur Verschlüsse oder Verschlußtechniken verwendet werden, die ein Öffnen vor der Konsumation jederzeit ersichtlich machen würden. Das heißt, daß der Verschluß entweder eine Sollbruchlinie (wie bei Mineralwasser), einen Unterdruck (wie bei Ketchup – macht beim ersten Öffnen „plop") oder einen Siegelstreifen haben muß.

Als Verschluß eignen sich:

- **Kork:** Kork, einer der ältesten Verschlußstoffe, wird heute bei der Essigbereitung gerne verwendet, besonders Griffkorken mit Holzgriff oder Korkgriff, da sie außerdem auch formschön sind. Gleichzeitig haben diese Korken den Vorteil, daß die Flasche damit immer wieder verschlossen werden kann. Korken ohne Griff sind nur bedingt zu empfehlen, da ein mehrmaliges Verschließen der Flasche nur sehr schwer möglich ist. Kork kann allerdings nur dann verwendet werden, wenn der Essig kalt gefüllt wird. Bei einer Heißfüllung würde der Kork beim Abkühlen in die Flasche gezogen werden.
- **Kunststoff:** Dieser Verschlußstoff, der nicht immer dem Umweltschutzgedanken entspricht, wird in der Essigvermarktung häufig eingesetzt. Besonders billigere Produkte werden mit Kunststoffverschluß mit Sollbruchlinie angeboten. Im Haushalt oder im bäuerlichen Betrieb sollte dieses Material eher nicht verwendet werden. Seine Vorteile bezüglich Reinheit und Hygiene sind allerdings nicht zu leugnen. Die Sollbruchlinie kann mit einfachen Hitzegeräten problemlos geschlossen werden. Es gibt auch bereits einige kleine Anrollgeräte dafür. Gummikappen, wie sie noch in Großmutters Küchenkästen zu finden sind, zählen ebenfalls zu den Kunststoffen, dürfen allerdings nur bei Heißfüllung verwendet werden (Öffnungsregel). Aus hygienischen und optischen Gründen sind sie aber nicht zu empfehlen.
- **Metall:** Sie werden von der Industrie bei höherwertigen Essigarten verwendet, erfordern aber durch das Anrollgerät eine höhere Investition und sind deshalb nur bei wirklich großen Mengen zu empfehlen.

DIE KENNZEICHNUNG FÜR DEN VERKAUF

Alle Waren, die verkauft oder getauscht werden sollen, müssen entsprechend gekennzeichnet werden. Dafür sind zur Zeit zwei Gesetze maßgeblich.

- *Die Lebensmittelkennzeichnungsverordnung*
- *Das Österreichische Lebensmittelbuch* (siehe *Gesetzesabschnitt*)

Die *Lebensmittelkennzeichnungsverordnung* schreibt vor, welche Angaben auf dem Etikett sein müssen. Es wird zwischen Hauptetikett und Rückenetikett unterschieden. Alle wichtigen Bestimmungen müssen auf dem Hauptetikett direkt im Sichtfeld zu finden sein.

Auf dem Etikett müssen folgende Angaben sein:

- **Die Sachbezeichnung**
  Die Sachbezeichnung gibt den Inhalt in der Verpackung an. Sie setzt sich aus der Obstart und dem Produkt zusammen, wobei das Produkt allein nie verwendet werden darf. Bei einem Essig aus Apfelwein würde „Apfelessig" die Sachbezeichnung sein. Beim Zusatz fremder Stoffe, wie Honig, Saft oder anderen, muß dies ebenfalls auf dem Etikett stehen.

- **Der Säuregehalt**
  Der Säuregehalt, der unbedingt vor der Flaschenfüllung ermittelt werden muß, muß in direktem Zusammenhang mit der Sachbezeichnung auf dem Hauptetikett zu finden sein. Wie im Auszug aus dem *Lebensmittelbuch* zu finden ist, beträgt der Säuregehalt mindestens 5%. Unser Etikettierbeispiels-Essig weist einen Säuregehalt von 6% auf, also müßte auf dem Etikett „6% Säure" stehen.

- **Die Essigart**
  Nachdem für uns nur Gärungsessig in Frage kommt, wird auf unserem Etikett „Reiner Gärungsessig" zu lesen sein.

- **Der Name und die Adresse**
  Nachdem jeder, der Lebensmittel in Verkehr setzt, auch dafür haftet, daß sie in Ordnung sind, muß immer der Abfüller oder Vertreiber auf dem Etikett genannt werden. Der Beispielsproduzent nennt sich „Franz Essig" und ist wohnhaft in „Schützenbachstr. 5, A-8000 Sauerdorf", auch das muß dem Hauptetikett zu entnehmen sein. Die Telefonnummer am Etikett ist als Verkaufshilfe recht nützlich, muß aber nicht angegeben werden.

- **Die Nettofüllmenge**
  Nachdem heute viele Gebinde bereits am Boden eine Einprägung der Nettofüllmenge haben, ist sie auf dem Etikett nicht immer zu finden. Um nun aber eine Irreführung des Konsumenten zu vermeiden und damit Mißverständnissen vorzubeugen, sollte die Nettofüllmenge auch auf dem Etikett vermerkt werden. Besonders lange, schlanke Flaschen täuschen oft eine größere Menge vor, als dann tatsächlich in der Flasche ist. Nachdem unser Essig eine hohe Qualität aufweist, wird er in 0,5-Liter-Flaschen abgefüllt.

- **Die Chargennummer**
  Jedes Lebensmittel, dessen Haltbarkeitsdatum nicht mit Tag, Monat und Jahreszahl gekennzeichnet ist, muß eine eigene Chargennummer, die vom Produzenten selbst

Kennzeichnungselemente von Essig

- Sachbezeichnung
- Essigsäuregehalt
- Essigart

- Name und Adresse

- Nettofüllmenge
- Chargennummer
  (mit „L" im Text)

- Mindesthaltbarkeitsdatum

Apfelessig

6% Säure
Reiner Gärungsessig

Franz Essig
Schützenbachstraße 5
A-8000 Sauerdorf
Tel.: 03333/3333

0,5 Liter   L11AE
mindestens haltbar bis Ende Mon./Jahr

Kennzeichnungselemente von Kräuteressig

- Sachbezeichnung
- Essigsäuregehalt
- Essigart

- Name und Adresse

- Nettofüllmenge
- Chargennummer
  (mit „L" im Text)

- Mindesthaltbarkeitsdatum
- Zutatenliste

Kräuteressig

6% Säure
Reiner Gärungsessig

Franz Essig
Schützenbachstraße 5
A-8000 Sauerdorf
Tel.: 03333/3333

0,5 Liter   L11AE
mindestens haltbar bis Ende Mon./Jahr
Zutaten: Apfelessig, Oregano,
Salbei, Petersilie, Salz

vergeben wird, haben. Diese Nummer, die durch ein großes „L" erkennbar ist, wird bei jeder Abfüllung neu vergeben, so daß jederzeit jede Flasche rückverfolgbar ist, falls Probleme mit dem Produkt auftreten sollten. Das „L" kommt von der Bezeichnung *Loskennzeichnungsverordnung*. Nachdem die Beispielsabfüllung die erste ist, bekommt sie die Nummer „L11AE", die nicht auf der Hauptetikette stehen muß.

- **Das Mindesthaltbarkeitsdatum**

Jedes Lebensmittel unterliegt einem gewissen Verderb. Bis zum Zeitpunkt des Haltbarkeitsdatums muß die Qualität im Gebinde gleich bleiben und das Lebensmittel jederzeit genießbar sein. Bevor der Verderb beginnt, ist es zu verbrauchen. Essig fällt in die Gruppe zwischen drei und 18 Monate, wobei eine Haltbarkeit von maximal einem Jahr empfohlen wird. Hier ist durch die *Lebensmittelkennzeichnungsverordnung* ein genauer Wortlaut vorgeschrieben, der „mindestens haltbar bis Monat und Jahreszahl" lautet. Wenn gewisse Lagerungsbedingungen vom Produzenten gewünscht werden, so kann man diese auch in Verbindung mit dem Mindesthaltbarkeitsdatum anbringen. Zum Beispiel, wenn das Produkt kühl und dunkel gelagert werden sollte. Auf dem Etikett ist dann zu lesen: „kühl und dunkel gelagert mindestens haltbar bis Monat und Jahr".

- **Die Zutatenliste**

Werden zur Bereitung des Essigs oder vor der Abfüllung geschmacksabrundende Stoffe oder Kräuter zugesetzt, so sind diese ebenfalls am Etikett anzuführen. Wichtig ist dabei die mengenmäßig absteigende Reihenfolge aller Zutaten. Bei einem Kräuteressig könnte die Zutatenliste etwa folgendermaßen lauten: „Zutaten: Apfelessig, Oregano, Salbei, Petersilie und Salz"

KRANKHEITEN UND SCHÄDLINGE DES ESSIGS

Bäuerlicher Essig ist aufgrund seines relativ niedrigen Säuregehaltes anfällig. Einige Hauptfehler, die immer wieder zu Beanstandungen führen, sollen hier kurz genannt werden.

Schwarz- oder Dunkelfärbung

Dabei färbt sich der Essig in der Flasche oder im Faß dunkel bis schwarz. Dieser Vorgang ist zurückzuführen auf Eisen, welches mit Eiweiß reagiert. Der Essig muß zumindest einer Bentonitschönung unterzogen werden.

Allerdings ist nicht jede dunkle Färbung immer ein schwarzer Bruch. Nicht ganz fertiger Essig neigt auch bei Sauerstoffkontakt oftmals zur Schwarzfärbung. Diese Schwarzfärbung kann durch Fertiggären oder durch Hochkurzzeiterhitzung unterbunden werden. Bei der Erhitzung werden die Bräunungsenzyme inaktiviert, und damit kann die Verfärbung ausgeschaltet werden.

Trübungen

Essig muß grundsätzlich blank in Verkehr gebracht werden. Trübungen, die auf Eiweiß oder auch auf noch lebende Bakterien zurückzuführen sind, müssen unbedingt entfernt werden. Zumeist erfolgt die Entfernung durch Filtration, wobei eine Filtration durch Entkeimungsschichten empfohlen wird. Ist die Trübung auf Eiweiß zurückzuführen, so wurde die Bentonitschönung nicht oder nur unzureichend durchgeführt. Als weitere mögliche Gründe für eine Trübung können eventuell Milchsäurebakterien, die aus dem Grundprodukt stammen, oder auch Eisenphosphate genannt werden. Wurden das Grundprodukt und der Essig entsprechend mittels Schönungen stabilisiert, so ist das Auftreten von Trübungen eher unwahrscheinlich. Trübungen sind in den meisten Fällen auf ungenaues oder unsauberes Arbeiten zurückzuführen.

Essigälchen

Die Essigälchen (*Anguillula aceti*), die zu den Nematoden zählen, haben eine Länge von 1–1,5 mm und eine Breite zwischen 0,03 und 0,04 mm. Der Körper der Älchen ist durchsichtig, so daß sie im Essig wie kleine Würmer aussehen. Ihre Bewegungen, nachdem der Essig geschüttelt wurde, sind schlangenartig und immer in Richtung Oberfläche. Sie leben gewöhnlich bei der Essigproduktion mit den Bakterien an der Oberfläche des Essigs. Als Essigbewohner sind sie durch ihre Größe relativ leicht zu entfernen. Außerdem sind die Essigälchen besonders lichtempfindlich, so daß sie bei Lichtkontakt bereits nach etwa 40 Stunden absterben. Sie können leicht abfiltriert werden. Bei unfiltrierten Essigen können sie jedoch auch bis zum Verkauf überleben, was als starke Qualitätsbeeinträchtigung angesehen werden muß. Die Essigälchen können mit einer Jodlösung leicht sichtbar gemacht werden, da sie sich nach dem Jodkontakt braun färben. Man sieht sie aber auch mit einer Lupe, gegen einen dunklen Hintergrund. Essigälchen sterben bei der Erhitzung ab und bilden dann einen Bodensatz.

Kahmhefen

Bei warmer Lagerung oder schlecht verschlossenen Flaschen können an der Oberfläche immer wieder Kahmhefen auftreten. Besonders die Gattungen *Hansenula anomala* und *Pichia membranaefaciensis*, die beide an der Oberfläche eine leicht gerunzelte weiße bis braune Haut bilden, treten sehr häufig auf. Diese Hefen sind ein Beanstandungsgrund und vermindern die Qualität des Essigs. Ohne Sauerstoff und bei entsprechender Sauberkeit kommt es allerdings kaum zur Kahmhefebildung. Sollte sie jedoch auftreten, so sind die Gebinde zu entleeren, zu reinigen und wiederum neu zu befüllen. Der Essig sollte davor allerdings noch einmal filtriert werden. Kahmige Essige dürfen nicht verkauft werden.

KRÄUTER-, GEWÜRZ- UND AROMAESSIG

Die aromatisierten Essige werden zur Zeit in vielen Feinkostläden angeboten, besonders Kräuteressige und Essigarten mit Fruchtaromen. Bei den Fruchtaromen ist die Himbeere aufgrund ihres eigenen intensiven Geschmackes sehr beliebt. Bei genauem Studium des Etikettes findet der Leser dann oft die Bezeichnung „aromatisiert", was auf die Verwendung von nicht natürlichem Aroma hindeutet. Vielfach wird dabei naturidentes Aroma verwendet. Nur zur Färbung sind einige Früchte, die hauptsächlich einen dekorativen Zweck erfüllen, zu finden.
Diese Essigsorten können vom bäuerlichen Produzenten zur Erweiterung seiner Produktpalette sehr einfach gewonnen werden.
Wichtig ist, daß frische Kräuter oder Früchte verwendet werden, denn der Essig, der mit getrockneten Früchten bzw. Kräutern erzeugt wird, hat meistens eine unnatürliche Farbe und zuwenig Aroma.

Im folgenden unterscheiden wir:
• Kräuteressig
• Gewürz- und Aromaessig sowie
• Fruchtaromaessig

Je nach gewünschter Geschmacksrichtung ist ein dementsprechender Essig zu verwenden. Der verwendete Essig muß fehlerfrei sein und sollte ein möglichst geringes Eigenaroma aufweisen. Besonders bewährt haben sich Apfel- und Weinessig, wobei nicht jede Geschmacksrichtung mit dem typischen Essigton harmoniert. Weißweinessig kann diesbezüglich allerdings mit Apfelessig fast gleichgesetzt werden, so daß nur der Rotweinessig mit seinen Mischprodukten getrennt genannt wird. Im folgenden werden die Grundlagen für all diese Essigarten beschrieben. Genaue Rezepte finden Sie dann im Kapitel *Essigrezepte*.

KRÄUTERESSIG

Zur Herstellung von Kräuteressig ist die betriebliche Ausstattung der meisten Essigproduzenten vollkommen ausreichend, da nur Essig, ein Behälter zur Aromatisierung, der Filter und die Kräuter benötigt werden. Der Behälter, in dem die Auslaugung erfolgt, kann entweder aus Glas, lebensmittelechtem Kunststoff oder Edelstahl sein. Sehr gut bewährt haben sich kleine Edelstahlbehälter mit einer großen Einfüllöffnung, da sie sehr leicht befüllt und auch gereinigt werden können.
Damit der Essig auch den gewünschten Ton bekommt, muß man die wichtigsten Kräuter und deren Geschmacksrichtung kennen. Kräuter mit einem feinen, wenig intensiven Aroma und einer hellen Farbe, die vom Essig nicht beeinträchtigt werden sollte, werden in Weißwein- oder Apfelessig angesetzt. Produkte, die ein sehr schweres Aroma aufweisen oder für dunkles Fleisch verwendet werden sollen, müssen unbedingt mit Rotweinessig hergestellt werden.

| Oregano | Estragon |

Verschiedene Kräuter für den Essigansatz

Kräuter, die mit Apfel- oder Weißweinessig angesetzt werden sollten, in alphabetischer Reihenfolge:

- Basilikum
- Estragon
- Majoran
- Melisse
- Thymian
- Zimt

Kräuter, die mit Rotweinessig oder dunklen Vollfruchtessigarten angesetzt werden sollten, in alphabetischer Reihenfolge:

- Knoblauch
- Liebstöckl
- Minze
- Oregano
- Petersilie
- Rosmarin
- Zwiebel

Die Herstellung von Kräuteressig

Wenn der Essig vollkommen stabilisiert und reintönig ist, kann er für Kräuteressig verwendet werden. Fehlerhafter Essig kann zwar durch das Aroma der Kräuter überdeckt werden, ist aber als solcher immer noch erkennbar. Die Kräuter sollten unbedingt frisch sein. Um jeweils genügend frische Kräuter zu haben, empfiehlt sich das Anlegen eines Kräutergartens. Wem dies zu arbeitsaufwendig ist, der kann die Kräuter in diversen Gartenbaubetrieben kaufen.

Prinzipiell sollte pro Kräuteressig nicht mehr als ein Kraut verwendet werden, um ein reintöniges Geschmacksbild zu erreichen. Werden jedoch Kräutermischungen bevorzugt, so ist immer auf ihre harmonische Zusammensetzung zu achten. Wichtig ist, nie zwei intensive Kräuterarten miteinander zu mischen. Wenn geschmacksintensive Arten mit weniger intensiven gemischt werden sollen, dann ist auf eine unterschiedliche Ansatzzeit zu achten.

Die frischen Kräuter werden durch grobes Zerreißen zerkleinert. Beim Zerkleinern muß man aufpassen, daß keine zu feinen Teile entstehen, da dadurch das Geschmacksbild verändert werden kann, weil ein zu intensiver Aromaaustausch erfolgt. Die Menge der benötigten Kräuter ergibt sich aus dem gewünschten Geschmack und sollte durch eigene Versuche ermittelt werden. Gewöhnlich kann man allerdings sagen, daß 2% des Gesamtvolumens durch Kräuter erreicht werden sollte. Das heißt, wenn ich hundert Liter Essig habe, so sind mindestens zwei Liter frische Kräuter notwendig. Je mehr Kräuter verwendet werden, um so kürzer kann die Ansatzzeit sein.

Der Essigansatz muß unbedingt dunkel erfolgen, da Licht zu einer Braunfärbung der Kräuter und damit Verfärbung des Essigs führt. In den meisten Fällen beträgt die Ansatzzeit, bei einer Temperatur von 18° C, zwischen zwei und vier Wochen. Dieser Zeitraum ist jedoch nicht fix und muß vom Produzenten öfters kontrolliert werden. Bewährt hat sich eine Verkostung in etwa dreitägigem Abstand. Hat der Essig genügend Kräuteraroma, beziehungsweise hat er die Intensität der letzten Charge (Kontrollflasche aufbewahren!), so wird er von den Kräutern genommen. Der Essig wird dann filtriert und in die Flasche gefüllt. Die verkaufsfähige Flasche wird oft noch mit ganzen Kräuterteilen versetzt, um das Aroma noch zu stabilisieren; außerdem schaut eine solche Flasche auch appetitlich aus.

GEWÜRZ- UND AROMAESSIG

Von der Vorgehensweise her sind Gewürz- und Aromaessig genau gleich herzustellen wie Kräuteressig, allerdings kann bei einigen Produkten die Ansatzzeit entfallen. Zu dieser Gruppe zählen alle Aromarichtungen, die aus Gewürzen stammen und nicht zu den Früchten zählen.
Die wichtigsten Geschmacks- und Geruchsrichtungen werden hier aufgezählt, wobei zwischen Gewürzen und „Aromen" unterschieden wird.

Gewürze

- Ingwer
- Kren oder Meerrettich
- Kümmel
- Peperoni
- Pfeffer
- Senfkörner

Aromen

- Orangen- und Zitronenschalen
- Honig
- Blütenauszüge, wie Rosen, Nelken, Veilchen und Lavendel
- Fichten und Lärchenspitzen
- Rosinen

Bei all diesen Gewürzen und Aromen erfolgt ebenfalls ein Auszug bei ungefähr 18° C in einem dunklen Behälter. Einzig und allein der Honig wird nur eingerührt. Die Zeit des Ansatzes hängt wiederum von der Stärke ab, wobei die scharfen Gewürze eher kürzer im Essig verbleiben sollten, damit das Endprodukt noch genießbar ist. Vorsicht ist auch beim Kren geboten, da er den Essig schärfer erscheinen läßt. Hier empfiehlt sich eine Abrundung mit Honig oder Zucker. Bei den Blütenauszügen ist eine längere Verweildauer notwendig, um immer das volle Aroma zu erreichen. Hier sollte der Essig auch möglichst farblos sein (eventuell mit 3g/Liter Aktivkohle vorbehandeln), damit auch die Farbe der Blüten im Getränk erkennbar ist. Sehr gute Erfolge gibt es auch mit verschiedenfarbigen Rosenblättern, die die Farbe in den Essig mitbringen. Um das Produkt leichter zu verkaufen, wird auch hier die Verwendung von Blüten, Rosinen oder Gewürzteilchen in der Flasche empfohlen.

FRUCHTAROMAESSIG

Damit sind nicht Vollfruchtessige mit dem Aroma der Frucht gemeint, sondern Essige, die mit dem typischen Geruch und Geschmack bestimmter Früchte versetzt wurden. Das Versetzen erfolgt ebenfalls wieder auf dem Auszugswege. Als Rohmaterial kommt ebenfalls wieder ein möglichst geschmacksneutraler Essig in Frage, also Weißwein- oder Apfelessig. Genauso wie bei den Kräuteressigen, kann auch hier nur bester Essig verwendet werden. Die Früchte müssen unbedingt frisch oder tiefgefroren sein, wobei Frischfrüchte ein etwas intensiveres Aroma ergeben.

Für diese Essige können folgende Früchte empfohlen werden:

- Himbeeren
- Kultur- und Walderdbeeren
- Süß- und Sauerkirschen
- Quitten
- Säfte von verschiedenen anderen geschmacksintensiven Obstarten

Die Früchte werden mit dem Essig angesetzt, wobei auf 100 Liter Essig ungefähr 20–25 Liter Früchte zu verwenden sind, damit das Aroma auch wirklich intensiv und fruchtig wird. Der hierbei verwendete Essig muß allerdings einen Säuregehalt von mindestens 7% aufweisen, da durch den Flüssigkeitsaustausch mit den Früchten Essigsäure verloren geht und somit der gesetzliche Wert von 5% Säure nicht erreicht werden könnte.

Die Auslaugzeit beträgt zwischen zwei und acht Wochen, was ebenfalls wieder durch eine Verkostung ermittelt werden muß. In die Flasche kommen nur Früchte von kleinfrüchtigen Obstarten. Große Früchte müssen vor dem Ansetzvorgang unbedingt zerkleinert werden, um eine ausreichende Aromaauslaugung zu erzielen.

ESSIG ALS KONSERVIERUNGSMITTEL

Nachdem Essig nicht nur als Würzmittel verwendet werden kann, sondern sich aufgrund des Säuregehaltes sehr gut zur Konservierung eignet, werden viele Produkte in Essig konserviert. Typisch dafür sind die Essiggurken, die sicherlich die häufigsten Vertreter sauer konservierter Speisen sind.

Egal, ob Obst oder Gemüse in Essig konserviert wird, wichtig ist nur, beste Qualität zu verwenden. Die beste Qualität sollte aber beim Essig ebenso selbstverständlich sein wie bei den zu verarbeitenden Produkten. Konservierung darf nie als Überschuß- oder Abfallverwertung angesehen werden. Das Gemüse muß unbedingt frisch geerntet sein. Gelagertes Gemüse hat zuwenig Inhaltsstoffe, und durch die Vorbehandlung bleibt zumeist nicht einmal mehr das Aroma übrig. Sollten wirklich welke Teile oder kleine Faulstellen am Gemüse sein, so ist eine großzügige Entfernung derselben dringend anzuraten.

Sofern die Verarbeitung des Gemüses gleich ist wie die des Obstes, wird an dieser Stelle nicht gesondert darauf eingegangen. Nur wenn das Gemüse anders behandelt werden muß, wird darauf verwiesen. Auch auf die Technologie, die benötigt wird, wenn große Mengen konserviert werden, kann hier nicht eingegangen werden.

Es können beinahe alle Früchte und Gemüsearten zu Sauerkonserven verarbeitet werden, wobei bei gewissen scharfen oder blähenden Produkten eine Vorerhitzung im Wasser zu erfolgen hat, um die negativen Stoffe zu entfernen. Bei der Wahl der Früchte und Gemüsearten steht die Vielfalt im Vordergrund. Die wichtigsten Rezepte sind im Rezeptteil beschrieben. Im Prinzip sind der Phantasie keine Grenzen gesetzt, es müssen lediglich die wichtigsten Verfahrensschritte eingehalten und auf die jeweils notwendige Temperatur muß geachtet werden.

Verfahrensschritte bei der Herstellung von Sauerkonserven

- **Rohware reinigen** und von Stielen, Blättern und Schalen befreien. Stoffe, die nicht gegessen werden können, sollten auch nicht konserviert werden. Außerdem bewirken diese Teile oft auch eine Geschmacksbeeinflussung, die sich auf das Endprodukt immer negativ auswirkt.
- **Zerkleinern auf die gewünschte Größe**
- **Blanchieren der frischen Ware,** um negative Komponenten (blähende, bittere oder scharfe Substanzen) zu entfernen. Gewöhnlich wird die frische Rohware bei einer Temperatur von ungefähr 80° C wenige Minuten vorgekocht. Besonders empfehlenswert ist dies bei Artischocken, allen Arten von Kohlgemüse und Bohnen, damit die blähenden Substanzen entfernt werden können. Andere Gemüsearten brauchen nur kurz in heißem Wasser vorbehandelt zu werden, damit die grüne Farbe und der Geschmack beim Kochen erhalten bleiben. Im Kleinen können dazu große Töpfe verwendet werden. Bei größeren Produktionsmengen werden Blanchierkessel oder Schneckenblancheure verwendet. Harte Früchte, die eine längere Einkochzeit benötigen, werden ebenfalls vorgekocht. Daß Teile der konservierten Früchte noch roh sind, sollte vermieden werden.

Die Sauerkonservenbereitung

Gesunde, reife,
saubere Rohware

Waschen

Zerkleinern

Blanchieren
(wenn nötig)

Einlegeflüssigkeit vorbereiten

Befüllen der Gläser

Verschließen

Erhitzen je nach
Gemüse- oder Obstart

Schnell auskühlen

- **Befüllen der Gläser.** Je nach Gemüseart sind verschiedene Mischungsarten oder auch gewisse Größen erwünscht. Gleichzeitig richtet sich der Zerkleinerungsgrad aber auch nach der Kochdauer, damit die eingelegten Früchte oder Gemüse auch vollständig gar sind. Rohe Teile führen vielfach zu einem biologischen Verderb.

- **Vorbereiten der Einkochlösung,** mit welcher das Produkt versetzt werden soll. Je nach Rezept sind gewisse Geschmacksstoffe erwünscht. Für uns ist hier allerdings nur die Konservierung interessant. Dazu sollte der Essig einen möglichst hohen Säuregehalt haben. Gut sind Säurewerte um sieben oder mehr Prozent. Falls der eigene Essig zuwenig Säure aufweist, kann bei der Konservierung für den Hausgebrauch auch Einlegeessig, wie er von der Industrie angeboten wird, zugesetzt werden. Er sollte aber immer mit dem eigenen Essig verschnitten werden, um nicht zu künstliche Produkte zu erzeugen.

- **Übergießen der Einkochware** mit der Lösung. Zumeist wird die Konservierungslösung heiß über die Rohware gegossen, um die nachfolgende Erhitzung möglichst kurz zu halten. Die Erhitzungszeit im Glas hängt immer von der eingelegten Ware ab.

- **Verschließen der Behälter.** Bei Glasbehältern erfolgt zumeist ein Verschluß mit Gummi und Verschlußspangen. Werden Schraubverschlüsse aus Metall verwendet, so haben sie den Vorteil, keinen Dichtring zu haben, der zu natürlichen Abbauerscheinungen und somit zu Undichtheit führen kann. Außerdem kann die Verwendung von Spangen unterbleiben, was einen Arbeitsschritt erspart und somit eine höhere Leistung ermöglicht.

- **Kochen im verschlossenen Behälter.** Um das Produkt auch für längere Zeit haltbar zu machen, muß die Flüssigkeit zusammen mit dem Obst oder Gemüse gekocht werden. Dieser Vorgang, auch Pasteurisation genannt, benötigt je nach Gebindegröße bzw. Dicke des zu pasteurisierenden Gutes unterschiedlich lange. Die Temperatur von 90° C gilt für beinahe alle Einkochwaren. Beim Erhitzen auf diese Temperatur muß unbedingt auf das Wasserbad, in dem die Gläser stehen müssen, geachtet werden. Würde das Wasser nicht als Erhitzungsmedium verwendet, so käme es nur am Boden zu intensiver Erhitzung, und das Kochgut würde anbrennen.

Um die Temperatur zu kontrollieren, verwendet man in einem nicht verschlossenen Glas ein Einkochthermometer. Erst wenn im Kern des Glases eine Minute lang eine Temperatur von mindestens 90° C herrscht, kommt es im Glas zu keinen Gärungen mehr. Zur Erhitzung eignen sich spezielle Einkochtöpfe oder Elektroherde mit einer Wasserbadmöglichkeit. Sollte die Verarbeitung über Haushaltmengen hinausgehen, so wird hier mit einem Kasten- oder Tunnelpasteur, in dem die Arbeitsschritte Erhitzung und Rückkühlung erfolgen können, gearbeitet. Das Konservieren von Früchten und Gemüse sollte am Beginn allerdings immer nur zur Erweiterung der Produktpalette bei der Essigproduktion dienen, und erst später kann daraus ein eigener Betriebszweig werden.

- **Rückkühlung der erhitzten Gläser.** Sobald die vorher beschriebene Temperatur erreicht ist, können die Gläser dem Wasserbad entnommen werden. Um eine möglichst hohe Qualität zu erreichen, sollte der Auskühlvorgang verkürzt durchgeführt werden. Früher war es üblich, die frischen Gläser noch unter Tüchern möglichst langsam auskühlen zu lassen. Dies führt jedoch nur zu einer verstärkten Zerstörung der Vitamine und vielfach auch zu einer Aromabeeinträchtignung oder sogar zum Zerkochen. Deshalb werden die frischen Gläser entweder in einen kühlen Raum gebracht oder mit einem feinen Sprühregen kalten Wassers rückgekühlt. Vorsicht! Wenn die Wassermenge, die auf das heiße Glas trifft, zu groß ist, so springt das Glas.

Dieses Verfahren führt immer zu haltbaren Produkten. Es gibt auch Möglichkeiten, durch besonders hochprozentigen Essig Lebensmittel haltbar zu machen, die allerdings sofort nach dem Öffnen zu verbrauchen sind. Dazu zählen Spargel, Kapern und auch Gurken. Bei diesem Verfahren werden die jeweiligen Gemüsearten in heißem Salzwasser vorgekocht, anschließend getrocknet und mit Essig übergossen. Nach ungefähr zehn Tagen wird der Essig abgegossen und nochmals erwärmt. Dieser heiße Essig wird dann wiederum über das Gemüse geleert, und erst dann werden die Gläser fest verschlossen. Hier sollte als Verschluß immer nur ein Schraubdeckel aus Metall verwendet werden. Der Essig, der für die Haltbarmachung ohne Erhitzen verwendet wird, sollte mindestens 10% Säure aufweisen, um die natürlichen Infektionsmöglichkeiten vollkommen auszuschalten. Durch die vorgekochten Gemüsearten, denen im Salzwasser Flüssigkeit entzogen wurde, kommt es nur zu einer geringen Verminderung des Säuregehaltes.

ESSIGREZEPTE

Die folgenden Rezepte sind nur ein Auszug aus den vielfältigen Möglichkeiten der Essigbereitung. Rezepte, bei denen der Essig nur als Würzmittel dient, werden nur mit einigen typischen Beispielen gestreift.

KRÄUTERESSIG

Kräuteressige können, wie im Kapitel *Kräuteressig* beschrieben, reinsortig oder gemischtsortig angesetzt werden. Die Rezepte sind, so nicht anders angegeben, auf einen Liter Essig abgestimmt und können natürlich je nach Geschmack verändert werden. Wenn größere oder kleinere Mengen benötigt werden, ist dies angegeben.

BASILIKUMESSIG

Frisches Basilikum kann man das ganze Jahr über, in Blumentöpfen gezogen, kaufen.

1 l Weißwein- oder Apfelessig
40 g frische Basilikumblätter
etwas Salz
10 grüne Pfefferkörner

Alle Zutaten werden zusammen in einen Behälter gegeben und mindestens vier Wochen im Dunkeln bei 18° C stehen gelassen. Die Zutaten können zusammen mit dem Essig in die Flasche gefüllt werden. Der Pfeffer verstärkt zusammen mit dem Salz das Aroma.

BASILIKUMESSIG MIT KNOBLAUCH UND ZWIEBEL

1 l Weißwein- oder Apfelessig
50 g Basilikum
etwas Salz
5 Zehen Knoblauch
1/4 Zwiebel

Der Herstellungsvorgang ist derselbe wie beim Basilikumessig, allerdings müssen die Zwiebel und der Knoblauch vor der Flaschenfüllung entfernt werden, um einen zu intensiven Geschmackston zu vermeiden. Dieser Essig paßt besonders gut zu mit Olivenöl angerichteten Salaten.

BASILIKUMESSIG MIT ZITRONEN UND ORANGEN

1 l Apfelessig
50 g Basilikum
1 Zitrone
2 Orangen

Dieser Spezialessig mit dem etwas exotischen Aroma kann besonders zur Abrundung von Süßspeisen oder auch für Salate der fernöstlichen Küche verwendet werden.
Die geschälten und zerkleinerten Früchte werden zusammen mit dem Basilikum angesetzt und mindestens drei Wochen im Dunkeln ausgelaugt. Dann wird der frische Essig in Flaschen gefüllt. Als Dekoration empfiehlt es sich, Basilikum und Orangenschalen (unbehandelt) in die Flasche zu geben, die gleichzeitig das Aroma noch etwas abrunden.

BASILIKUM-ZITRONENMELISSEN-ESSIG

1 l Apfelessig
40 g Basilikum
30 g Zitronenmelisse
etwas rosa Pfeffer

Die zerkleinerten Kräuter werden zusammen mit dem Essig und dem rosa Pfeffer 4–6 Wochen angesetzt, anschließend filtriert und in Flaschen gefüllt. Als Dekoration können jeweils einige der namensgebenden Kräuter in die Flasche gegeben werden.

BASILIKUM-DILL-ESSIG MIT ROSA PFEFFER

Diese Essigspezialität, die eine feine Schärfe durch den rosa Pfeffer und ein elegantes Dillaroma aufweist, eignet sich besonders gut für Fischspezialitäten. Insbesonders Lachs und Lachsforellen erhalten dadurch einen sehr zarten Geschmack.

1 l Weißweinessig
20 g Basilikum
25 g Dillkraut
30 g rosa Pfeffer

Mit Ausnahme des Pfeffers werden alle Zutaten grob zerkleinert. Beim Pfeffer sollten nur wenige Körner grob zerschlagen werden, um einen zu scharfen Ton zu vermeiden. Die Ansatzdauer sollte nicht mehr als drei Wochen betragen.

BASILIKUM-WEIHNACHTS-ESSIG

Dieser Essig mit dem typischen Geschmack nach Weihnachtsgebäck eignet sich besonders gut für Grillsaucen, „exotische" Speisen, aber auch zur Abrundung einzelner Süßspeisen.

1 l Weißweinessig
30 g Basilikumblätter
5 Zimtstangen
wenige Gewürznelken
15 g Zucker

Alle Zutaten werden vermischt, wobei auf eine vollständige Auflösung des Zuckers zu achten ist. Die Zimtstangen sollten grob zerkleinert werden, um einen intensiven Zimtton zu erreichen. Anschließend mindestens drei Wochen im Dunkeln ansetzen. Der Essig muß vor der Flaschenfüllung unbedingt filtriert werden. Als Dekoration kann eine Zimtstange in die Flasche gegeben werden.

ESTRAGONESSIG

Estragonessig, der sich durch das intensive Aroma von Estragon auszeichnet, eignet sich besonders für die Senfbereitung und für die Bereitung von Saucen.

1 l Apfelessig
40 g Estragonblätter
etwas Salz

Der Ansatz braucht mindestens vier Wochen, wobei besonders auf den dunklen Aufstellungsort zu achten ist.

MAJORANESSIG

Majoranessig, der sich gut für Kartoffelsuppen und Lammgerichte eignet, ist eine Spezialität südlicher Regionen.

1 l Rotweinessig
40 g geschnittene Majoranblätter
10 g Kümmel

Die Zutaten werden ungefähr sechs Wochen im Ansatz belassen, und erst dann erfolgt die Flaschenfüllung.

GARTENKRÄUTERESSIG

Dieser Essig, der schon mit einigen wenigen Kräutern aus dem Hausgarten sehr leicht produzierbar ist, kann in besonders vielen Variationen hergestellt werden. Wichtig dabei ist, auf eine geschmacklich harmonische Mischung zu achten. Dieses Rezept ist eine grundsätzliche Anleitung.

1 l Apfelessig
10 g Schnittlauch
10 g Petersilie
5 g Liebstöckl
10 g Majoran
10 g Thymian
10 g Oregano
etwas Salz

Die Kräuter werden grob zerkleinert und drei bis vier Wochen angesetzt. Dann wird der Essig filtriert und abgefüllt. Zur Dekoration verwendet man gebundene Kräuter, die in die Flasche gegeben werden.

KNOBLAUCHESSIG

Dieser sehr intensiv schmeckende Essig wird besonders von Knoblauchliebhabern geschätzt. Allerdings ist bei der Verwendung von Knoblauch immer darauf zu achten, daß er nicht zu stark vorschmeckt. Überwiegt im Essig nur noch der Knoblauchgeschmack, so verliert er sehr stark an seiner vielfachen Verwendbarkeit.

1 l Rotwein- oder Weißweinessig
5–10 Knoblauchzehen

Die Knoblauchzehen werden zerdrückt und mit dem Essig angesetzt. Die Ansatzzeit hängt von der Intensität des Knoblauchs ab. Es sollte daher regelmäßig verkostet werden.

ZWIEBELESSIG

Zwiebelessig, der sich durch ein sehr intensives Aroma, das aber nicht jedermann behagt, auszeichnet, eignet sich besonders gut zum Würzen von Essigwurst und Rindfleischsalat.

2 l Apfelessig
2 ganze Zwiebeln
1 Lauchstange
etwas Salz

Die Zwiebeln und der Lauch werden geschält, grob zerkleinert und mit dem Essig angesetzt. Wenn die Zwiebeln aus dem eigenen Garten stammen, kann auch der grüne Teil mitverwendet werden.
Zur Dekoration der Flasche kann eine kleine Lauchstange verwendet werden.

MELISSEN-MINZEN-ESSIG

Für erfrischenden Essig mit kühlender Wirkung im Sommer bietet die Minze viele Variationsmöglichkeiten. Besonders in Verbindung mit Zitronenmelisse ergibt sich ein sehr frischer Essig, der in verdünnter Form auch ein sehr guter Durstlöscher ist.

1 l Apfelessig
20 g Pfefferminzblätter
20 g Zitronenmelissenblätter
etwas Honig

Die Kräuter werden grob zerkleinert und mit dem Apfelessig übergossen. Wichtig ist die vollständige Auflösung des Honigs, da dieser dem Essig einen abgerundeten Geschmack verleiht. Nach ungefähr fünf Wochen kann der Essig auf Flaschen abgezogen werden.

OREGANO-ROSMARIN-ESSIG

Dieser Essig, der hervorragend zu Wild und Lamm paßt, wird besonders in südlichen Ländern geschätzt.

1 l Apfel- oder Weißweinessig
30 g Oregano
30 g Rosmarin

Die Vorgangsweise ist wie bei allen anderen Kräuteressigen. Die Ansatzzeit sollte nicht mehr als fünf Wochen betragen.

GEWÜRZ- UND AROMAESSIG

Diese sicherlich vielfältigste Gruppe an Essigvariationen ermöglicht es dem Produzenten, viele neue Kreationen auszuprobieren. Sie wird von einigen Herstellern oftmals auch als „Spielwiese der Geschmäcker" bezeichnet und bietet für jeden die Möglichkeit, seinen Lieblingsgeschmack zu konservieren.

Als einzige Unterscheidung zu den Kräuteressigen werden hier keine frischen Kräuter, sondern zumeist getrocknete Pflanzenteile, Gewürze oder Geschmacksträger verwendet, die, wie Honig oder Fichtenzweige, nicht zu den Kräutern zählen.

INGWERESSIG

Ingwer verleiht dem Essig einen typischen, etwas scharfen Ton. Dieser Essig eignet sich besonders für die etwas exotische, vor allem kreolische Küche, bei der die meisten Speisen entweder mit Colombo oder Ingwer gewürzt werden. Vor allem Salate und viele Fischgerichte bekommen dadurch eine dezente Würze.

1 l Apfel- oder Südfruchtessig
1/2 Ingwerknolle
etwas Honig oder Zuckersirup

Die Knolle wird grob zerhackt und mit dem Essig zum Ansatz gebracht. Die Ansatzzeit sollte zwischen zwei und vier Wochen, je nach gewünschter Schärfe, betragen. Der Honig oder Zuckersirup wird erst vor der Füllung der Flasche zugesetzt, um dem Essig etwas die Schärfe zu nehmen.

INGWERESSIG MIT ROSMARIN

Dieser Essig, der die feine Schärfe des Ingwers mit dem würzigen Duft von Rosmarin verbindet, eignet sich besonders bei Fleischspeisen, insbesondere Koteletts und Ragouts, als Marinade. Dabei wird nach dem Marinieren der Essig abgegossen, und der Rosmarin verbleibt am Fleisch.

1 l Apfel- oder Weißweinessig
1/2 Ingwerknolle
10 g getrockneter oder 30 g frische Blätter Rosmarin
etwas Salz

Die Zutaten werden gehackt und mit dem Essig zum Ansatz gebracht. Eine Ansatzzeit von mindestens vier Wochen ist notwendig, um den Rosmarinton auch entsprechend in den Essig zu bringen. Die Schärfe kann mit Salz etwas abgerundet werden. Honig wird hier nicht empfohlen.

KRENESSIG (MEERRETTICHESSIG)

Krenessig wird besonders für die Herstellung von scharfem Senf verwendet. Für gewöhnliche Salate oder zum Würzen von Speisen ist er zumeist zu intensiv. Aber auch zum Abschmecken von Semmelkren kann er verwendet werden.

1 l Apfelessig
etwas Kren
1 Eßlöffel Salz

Der geriebene Kren wird mit dem Apfelessig und dem vorher gelösten Salz für höchstens zwei Wochen angesetzt. Danach wird der Essig vom Kren getrennt und in Flaschen gefüllt.

KÜMMELESSIG

Kümmelessig ist besonders gut für Salate als Kümmelersatz geeignet. Er verfeinert viele Gerichte, bei denen Kümmel benötigt wird.

1 l Apfel- oder Weißweinessig
50 g Kreuzkümmel
50 g gewöhnlicher Kümmel

Der Kümmel wird im Mörser zerstoßen und dann in den Essig gegeben. Gewöhnlich ist nach ungefähr drei Wochen Ansatzzeit der volle Kümmelgeschmack vorhanden.

PFEFFERESSIG

Pfefferessig zählt zur Gruppe der scharfen Essige, von denen im folgenden noch der Peperoni- oder Chiliessig beschrieben wird. Diese scharfe Würze kann vor allem bei Grillspeisen zum Marinieren von Fleisch oder für Saucen verwendet werden. Bei scharfen Suppen kann Pfefferessig als Würzmittel ebenfalls verwendet werden.

2 l Apfelessig
30 g grüne Pfefferkörner
30 g rosa Pfefferkörner
40 g schwarzer Pfeffer (ungemahlen)
1 Knoblauchzehe

Die zerdrückte Knoblauchzehe und der im Mörser zerstampfte Pfeffer werden mit dem Essig zum Ansatz gebracht. Je nach gewünschter Schärfe kann die Ansatzzeit variieren. Von allen drei Pfefferarten werden einige ganze Körner als Dekoration in den filtrierten Essig gegeben. Es kann aber auch eine ganze Pfefferschote verwendet werden.

PFEFFER-ZITRONEN-SENFKORN-ESSIG

Dieser scharfe Spezialessig kann für etwas schärfere Salate verwendet werden. Er zeichnet sich durch einen intensiven Zitronen-Senfkorn-Geschmack aus.

1 l Weißweinessig
2 Zitronen
50 g weiße Senfkörner
40 g Schwarzer Pfeffer

Die Senfkörner und der Pfeffer werden zerstoßen, die Zitronen geschält und das Fruchtfleisch fein gehackt. Anschließend mit dem Essig übergießen und ansetzen. Nach vier Wochen abziehen und filtrieren. Anschließend in Flaschen füllen.

Chili- oder Peperoni-Essig

Chili- oder Peperoni-Essig ist sehr scharf und eignet sich daher besonders für Saucen zu Grillspezialitäten. Aber auch z.B. Krautsalat erhält durch ihn einen etwas ausgefalleneren Ton.

2 l Rotweinessig
1 Peperonischote (grün)
1 Peperonischote (rot)
3 Cayennepfefferschoten (rot)
1 Chilischote
2 Knoblauchzehen
1 Paprika (rot)

Alle Zutaten, bis auf den roten Paprika, werden in Streifen oder Ringe geschnitten und mit dem Essig übergossen. Die Ansatzzeit beträgt mindestens zwei Wochen, um eine entsprechende Schärfe zu erreichen. Nach dieser Zeit werden alle Teile entfernt, und der Essig wird filtriert. Der rote Paprika wird in Streifen geschnitten und als Dekoration in die Flaschen gegeben. Gleichzeitig macht er den scharfen Geschmack runder.

Orangen-Peperoni-Johannisbeer-Essig

Dieser Essig findet besonders bei dunklen Fleischsorten, Saucen, Fischgerichten, Meerestieren und Fondues seine Liebhaber. Durch den fruchtigen Ton der Johannisbeeren und Orangen wirkt er nie unharmonisch.

1 l Rotweinessig
2 Orangen
2 Peperoni (rot)
200 g Schwarze Johannisbeeren

Die Orangen werden geschält, das Fruchtfleisch wird zerkleinert und mit den abgerebelten Johannisbeeren vermischt. Der zerschnittene Peperoni wird dann zusammen mit dem Rotweinessig über die Fruchtmasse gegeben. Nach ungefähr vier Wochen kann der nunmehr sehr intensiv schmeckende Essig abgezogen werden. Ein Johannisbeerfruchtstand und ein Peperoni können als Dekoration in die Flasche kommen.

HONIGESSIG

Dieser Essig, der fälschlicherweise auch mit Essig aus Honig verwechselt werden kann, ist durch sein süßes Aroma besonders bei Salaten und bei der Abrundung diverser Speisen sehr willkommen. Er kann aber auch als Aperitif-Essig in der Gastronomie eingesetzt werden. Je nach gewünschter Geschmacksrichtung kann das Aroma durch die verwendete Honigart beeinflußt werden. Beinahe alle Honigsorten können mit den unterschiedlichen Geschmacksrichtungen verschiedener Essigsorten kombiniert werden. Essigproduzenten, die Bienenvölker halten, finden hier neben der Metproduktion eine weitere Absatzchance für ihren Honig.

1 l Apfel- oder Weinessig
30–100 g Honig
Gewürze zur Abrundung

Der Honig wird im Essig gelöst. Vielfach muß der Essig dabei leicht erwärmt werden. Anschließend wird er in die Flaschen abgefüllt, und Gewürze können zugesetzt werden. Seine Bezeichnung lautet dann, z.B. bei Verwendung von Waldhonig, „Apfelessig mit Waldhonig".

HONIG-MALVENBLÜTEN-THYMIAN-ESSIG

Dieser Essig wird besonders bei Blattsalaten aufgrund seines intensiven Aromas geschätzt.

1 l Weißweinessig
20 g Honig
20 g Malvenblüten
10 g Thymian

Die einzelnen Zutaten werden nach Auflösen des Honigs angesetzt. Nach ungefähr vier Wochen kann der Essig abgezogen werden. Nach der Filtration können Malvenblüten zur Dekoration in die Flasche kommen.

ROSENBLÜTENESSIG

Dieser Essig, der aus südlichen Ländern übernommen wurde, bietet ein interessantes Aroma. Durch den etwas bitteren Geschmack frischer Rosenblüten schmeckt auch dieser Essig leicht bitter und adstringierend. Dies kann durch Zuckerzugabe abgerundet werden.

1 l Weißwein- oder Apfelessig, möglichst hell
30 g Rosenblütenblätter
1 Zitrone
etwas Zucker

Die Rosenblütenblätter, die je nach gewünschter Farbe ausgesucht werden (z.B. ergeben violette Rosenblüten eine rosarote Farbe), werden zerkleinert und mit dem Saft der Zitrone und etwas Essig ungefähr einen halben Tag lang angesetzt. Erst dann wird der Essig über diesen Ansatz gegossen. Anschließend wird ganz langsam auf 40° C erhitzt, was zu einer sehr intensiven Aromaauslaugung führt. Nach dem Auskühlen und einer Standzeit von etwa zwei Wochen entfalten die Rosenblütenblätter dann das gesamte Aroma und können abgezogen werden. Der Zucker kann als Abrundung dienen. Wenn ein etwas herber Ton gewünscht wird, kann das Zuckern auch entfallen. Eine Rosenblüte als Dekoration wirkt besonders im vollkommen blanken Essig sehr gut. Ähnlich kann auch mit allen anderen geschmacksgebenden Blüten Essig verfeinert werden.

LAVENDELESSIG

Lavendelessig wird ebenso wie Rosenblütenessig aus den Blüten hergestellt. Durch sein würziges, leicht herbes Aroma eignet er sich besonders für Salate, bei denen Kräuter der Provence verwendet werden. Aber auch Fleischspeisen können mit diesem Essig verbessert werden.
Die Zubereitung erfolgt ebenso wie die des Rosenblütenessigs, nur müssen mindestens 50 g Lavendelblüten verwendet werden. Bei der Verarbeitung der Blüten ist darauf zu achten, nicht zu viele Stengel in den Ansatz zu bringen, da der Essig sonst bitter wird.

Angesetzter Zwiebelessig

Ansatz von Lärchen- und Rosenblütenessig

Filtrieren des Rosenblütenessigs

Eine Rose kann als Dekoration in die Flasche gegeben werden

NELKENESSIG

Nelkenblüten eignen sich durch ihren intensiven Geruch und Geschmack sehr gut für die Essigaromatisierung. Durch den eigenen Duft kann der Essig besonders zu fruchtigen Salaten genommen werden. Bei der Verarbeitung ist auf das Entfernen des Blütenbodens zu achten, da der Essig sonst dumpf schmeckt. Gewöhnlich genügen 40 g Blütenblätter, um einen wohlschmeckenden Essig zu erhalten.

VEILCHENESSIG MIT ZIMT

Dieser Essig, der sich ebenfalls für Salate, aber auch leicht gesäuerte Süßspeisen sehr gut eignet, gilt unter den aromatisierten Essigsorten als besondere Spezialität. Die Veilchenblüten sollten allerdings nur dann verwendet werden, wenn wirklich genügend davon vorhanden sind.

1 l Weißweinessig
20 g Veilchenblüten
1 Zimtstange
etwas Zucker

Der Essig wird zusammen mit den Veilchenblüten sehr langsam auf etwa 40° C erhitzt, und anschließend läßt man ihn auskühlen. Dann wird die grob zerkleinerte Zimtstange zugesetzt und das Ganze zwei Wochen stehen gelassen. Erst dann wird abgefüllt. Die Farbe des Essigs geht je nach Intensität der Veilchen von rosa bis violett. Als Dekoration können einzelne Veilchenblüten in die Flasche gegeben werden.

FICHTENSPITZENESSIG

Die frisch ausgetriebenen Triebspitzen von Fichten eignen sich durch ihre ätherischen Öle besonders gut für die Bereitung interessanter Essigarten. Dieser dann leicht nach Harz und Wald schmeckende Essig kann besonders bei Wildgerichten sowie Lamm- und Rindfleisch zur Marinade verwendet werden. Er eignet sich auch sehr gut für Saucen zu diesen Fleischspeisen.

1 l Apfel- oder Rotweinessig
100 g frische Fichtenspitzen
etwas Waldhonig
20 g rosa Pfeffer

Die frischen Fichtenspitzen, die sofort nach dem Austrieb geerntet werden können, werden mit dem zerstoßenen Pfeffer und dem Essig übergossen. Je nach gewünschter Farbe kann Apfel- oder Rotweinessig verwendet werden. Nach einer Ansatzzeit von ungefähr drei Wochen wird abgezogen und der Essig filtriert. Erst dann wird der Geschmack mit Waldhonig harmonisiert.

LÄRCHENESSIG

Lärchenessig zeichnet sich ebenfalls durch ein sehr intensives Aroma nach den Harzen und ätherischen Ölen der Lärchenzweige aus. Dabei werden einjährige, im Sommer gewachsene Lärchenzweige geerntet und mit dem Essig übergossen. Je höher der Standort des Lärchenbaumes ist, um so intensiver ist das Aroma und um so weniger bittere Harze enthält der Baum. Lärchenessig eignet sich ebenfalls sehr gut für Wild und dunkle Fleischgerichte sowie für schwere Salate.

1 l Apfelessig
100 g Lärchenzweige und -nadeln
30 g Waldhonig
1 Knoblauchzehe

Die grob zerkleinerten Lärchenzweige und die zerdrückte Knoblauchzehe werden mit dem Essig übergossen. Nach etwa fünf Wochen Ansatzzeit kann der Essig entnommen werden. Als Dekoration eignet sich ein Lärchenzweig in der Flasche sehr gut.

ROSINENESSIG

Rosinen verleihen dem Weinessig einen runden und harmonischen, leicht nach Sherry schmeckenden Ton. Gleichzeitig wird die Schärfe des Essigs durch den hohen Zuckergehalt der Rosinen gebunden. Der Essig erhält mehr Intensität, die bei der Anwendung berücksichtigt werden sollte.

1 l Weiß- oder Rotweinessig
100 g Rosinen
etwas Zimt

Wird der Essig mit den Rosinen in größeren Behältern angesetzt, so dient der Zimt zum Abrunden des Geschmacks. Es besteht aber auch die Möglichkeit, die Rosinen direkt in die Flasche zu geben und den Essig dann mit ihnen zu verkaufen. Die Essig-Rosinen eignen sich sehr gut zu Krautsalat. Eine Ansatzzeit von mindestens acht Wochen ist notwendig, wenn der Essig nicht gemeinsam mit den Rosinen erhitzt werden soll.

ROSINENESSIG MIT ROSA PFEFFER

Der rosa Pfeffer verleiht dem süßlichen Geschmack der Rosinen einen pikanten Ton. Dabei harmoniert sein Geschmack besonders gut mit dem der Rosinen. Als Salatwürze für etwas pikantere Salate oder als spezielle Saucengrundlage und zu Fischgerichten kann dieser Essig verwendet werden.

1 l Rotweinessig
80 g Rosinen
30 g rosa Pfeffer (ungemahlen)

Der rosa Pfeffer wird im Mörser grob zerstoßen und mit den Rosinen vermischt. Anschließend wird der Rotweinessig darübergegossen. Nach ungefähr sechs Wochen kann der Essig verwendet werden. Rosa Pfefferkörner und Rosinen dienen in der Flasche als Dekoration.

FRUCHTAROMAESSIG

Die Gruppe der Fruchtaromaessige ist besonders für Salate interessant. Derzeit sind meist nur Himbeer- oder Walnußessig in Feinkostläden zu finden, dabei ergeben viele andere Früchte eine spezielle Farbe und vor allem einen eigenständigen, typischen Geschmack. Die Essige, die derzeit von der Industrie angeboten werden, sind in vielen Fällen künstlich aromatisiert. Wenn wir unseren Essig selbst ansetzen, fällt die künstliche Aromatisierung weg. Das natürliche Aroma erscheint zwar manches Mal etwas verhaltener, aber dafür sind die Produkte fruchtiger. Wichtig ist für den Verkauf bei allen Ansätzen mit Früchten, daß der Essig mindestens 7% Säure aufweist, um später den gesetzlichen Mindestwert von 5% nicht zu unterschreiten. Damit das Aroma intensiv in den Essig übernommen wird, können die Essige langsam auf 40° C erhitzt werden. Der Ansatz kühlt dann allmählich aus. Damit kann vereinzelt auch die Ansatzzeit verkürzt werden.

HIMBEERESSIG

Himbeeressig wird mit frischen Himbeeren angesetzt. Der besonders intensive Himbeerton kommt schon nach kurzer Zeit sehr deutlich zur Geltung.

1 l Rotwein- oder Weißweinessig
100 g frische Himbeeren

Die Himbeeren werden entweder direkt in die Flasche gegeben oder mit dem Essig in einem Großbehälter angesetzt. Bei dieser Variante kann auch noch kaltgepreßter Himbeersaft zur Färbung zugesetzt werden. Nach einer Ansatzzeit von ungefähr zwei Wochen ist der Essig bereits verwendbar. In den meisten Fällen wird er noch mit Früchten in der Flasche dekoriert.

ERDBEERESSIG

Besonders Walderdbeeren verleihen dem Essig einen interessanten Geschmack. Die meisten Kulturerdbeeren sind allerdings weniger dafür geeignet, da sie kein so intensives Aroma ergeben.

1 l Apfelessig
200 g Walderdbeeren
20 g Zucker

Der Zucker wird im Essig vollständig gelöst, und erst dann wird diese Lösung über die Erdbeeren gegossen. Der Zucker dient hier als Puffersubstanz für die Säure der Erdbeeren. Nach einer Ansatzzeit von ungefähr fünf Wochen kann der Essig verwendet werden. Früchte in die Flasche zu geben, kann nicht empfohlen werden, da diese nach einiger Zeit aufquellen und unansehnlich werden.

APFEL-ZIMTRINDEN-ESSIG

Apfel-Zimtrinden-Essig eignet sich hervorragend zu verschiedensten Pasteten. Gleichzeitig bietet er die Möglichkeit, Salate abzurunden.

1 l Apfelessig
200 g Apfelscheiben
0,2 Liter Apfelsaft
10 Zimtrinden

Die Zimtrinden werden grob zerstoßen und mit dem Apfelessig, den Apfelscheiben und dem Apfelsaft angesetzt. Die Ansatzzeit beträgt mindestens drei Wochen, um einen deutlichen Zimtgeschmack zu erzielen.

BIRNEN-PREISELBEER-ESSIG

Dieser etwas süßliche, sehr milde Essig wird für Pasteten und milde Gerichte zum Würzen verwendet. Der verwendete Birnenessig erhält durch die Preiselbeeren einen leicht adstringierenden Ton, was ihn im Geschmack abrundet.

1 l Birnenessig
200 g Preiselbeeren
50 g Blütenhonig
1 Zimtstange

Die Zutaten werden gemischt und anschließend mit dem Birnenessig übergossen. Dieser Ansatz wird dann mindestens vier Wochen im Kühlen stehen gelassen und anschließend blank in die Flasche gefüllt. Die Zimtstange dient zur Garnierung.

WEICHSEL-PFLAUMEN-ESSIG

Die Weichsel-Pflaumen-Essig-Herstellung dauert durch den Zeitraum, der zwischen der Reife der beiden Obstarten liegt, relativ lange. Es sollten aber trotzdem nur frische, reife Früchte verwendet werden, um den vollmundigen Charakter beider Obstarten zu erhalten.

1 l Weißwein- oder einer der namensgebenden Vollfruchtessige
200 g Weichseln (Sauerkirschen)
150 g Pflaumen
1 Zimtstange
30 g Blütenhonig

Die frischen Weichseln werden mit dem Essig und der Zimtstange solange angesetzt, bis es reife Pflaumen gibt. Dann werden die Weichseln entnommen (sie können noch in Essig als Garnierung eingelegt werden), und die Pflaumen werden mit dem Essig übergossen. Die Zimtstange muß beim Früchtewechsel ebenfalls herausgenommen werden, damit der Zimtton nicht überwiegt. Vier Wochen nach der Pflaumenzugabe werden die Früchte entnommen, und mit dem Honig wird der Essig abgerundet.

HEIDELBEER-WACHOLDER-ESSIG

Heidelbeer-Wacholder-Essig verleiht vielen Fleischspeisen einen herben Ton. Er eignet sich hervorragend zum Aufgießen bei Wildragout oder für spezielle Saucen. Durch den Wacholder bekommt der Essig einen leicht bitteren Ton, der an Gin erinnert.

1 l Weißwein- oder heller Apfelessig
100–200 g Waldheidelbeeren
40 g Wacholderbeeren (getrocknet)
15 g Waldhonig

Die Wacholderbeeren werden im Mörser grob zerstoßen und dann mit den restlichen Zutaten vermengt. Der Honig muß vorher unbedingt in einer kleinen Menge warmen Essigs aufgelöst werden. Nach einer Ansatzzeit von vier Wochen hat der Essig eine fast schwarze Farbe und das Aroma der Wacholder- und Heidelbeeren angenommen. Der Honig dient der Geschmacksabrundung.

BROMBEER-ZITRONENMELISSEN-ESSIG

Dieser Essig besticht durch seine intensive dunkle Farbe, das zarte Brombeer-Zitronenaroma und die fruchtig-säuerliche Harmonie. Er eignet sich hervorragend für Salate und zum Würzen spezieller Saucen.

1 l Weißweinessig
150 g Brombeeren
40 g Zitronenmelisse
10 Stück Gewürznelken

Die Gewürznelken werden grob zerstoßen, mit den zerkleinerten Melissenblättern sowie den Brombeeren gemischt und mit dem Essig übergossen. Die Ansatzzeit beträgt mindestens fünf Wochen, um das wohlschmeckende Aroma zu erreichen. Dieser Essig schmeckt ohne Erwärmung nur sehr verhalten nach Brombeeren.

Nussessig

Essig mit Nußaroma ist eine sehr milde Spezialität für ausgefallene Salate. Er kann auch zum Würzen von Süßspeisen, die eine leicht säuerliche Note erhalten sollen, verwendet werden.
Je nach Geschmacksrichtung können alle heimischen Nußarten, wie Haselnuß oder Walnuß, verwendet werden.

1 l Apfelessig
200 g Wal- oder Haselnüsse
etwas Zimt

Die Nüsse werden geschält und grob zerkleinert. Anschließend wird der Apfelessig darüber geleert. Die Nüsse werden mit dem Essig langsam auf 40° C erwärmt. Die Ansatzzeit beträgt je nach gewünschter Intensität zwischen zwei und acht Wochen. Der Zimt kann als Abrundungsmittel verwendet werden; dies ist allerdings nicht unbedingt notwendig. Eine weitere Aromatisierung mit Nußöl führt zwar zu sehr intensiven Produkten, ist aber nicht immer erforderlich. Der Essig wird nach der Ansatzzeit blankfiltriert und ohne Dekoration in Flaschen gefüllt.

Die hier beschriebenen Rezepte stellen keinen Anspruch auf Vollständigkeit. Ihrer eigenen Phantasie bleibt es überlassen, noch weitere Kräuter- und Geschmackskombinationen zu entdecken. Scheuen Sie sich nicht, auch einmal „verrückte" Kombinationen auszuprobieren!

SAUERKONSERVEN MIT ESSIG –
EINIGE SPEZIALITÄTEN

Da es bei den Sauerkonserven eine Vielzahl an Rezepten gibt, sollen hier nur einige wenige beschrieben werden. Wie beim Ansetzen von Essig, sind auch hier der Phantasie des Produzenten keine Grenzen gesetzt.

ESSIGGURKEN

Essiggurken zählen sicherlich zu den beliebtesten Beilagen vieler Speisen. Gleichzeitig sind sie wichtige Dekoration bei Aufschnitt und Käseplatten.

Frische, kleine Einleggurken
Essig
Senfkörner, Dill, Estragon oder andere Kräuter je nach Geschmack

Die frischen Gurken werden 24 Stunden gewässert, um ihnen alle Bitterstoffe zu entziehen. Danach erfolgt die Befüllung der Gläser, ohne große Zwischenräume zu belassen. Je nach gewünschtem Geschmack können Senfkörner, Dill, Estragon oder auch Zwiebel und andere Kräuter dazwischen gegeben werden. Diese Zugaben dienen dazu, den Geschmack etwas zu verfeinern und ihnen die „persönliche" Note zu verleihen. Anschließend wird der zumeist auf ungefähr 4% verdünnte Essig über die Gurken gegossen. Die Gläser werden fest verschlossen, und das Ganze wird dann mindestens 20 Minuten bei 90° C gekocht. Anschließend aus dem Wasser nehmen und möglichst schnell auskühlen lassen.

SENFGURKEN

Werden bei Essiggurken vorwiegend kleine Gurken verwendet, so nehmen wir hier große, reife Gurken, die allerdings noch nicht überreif sein dürfen. Senfgurken werden weniger als Dekoration verwendet, sondern mehr als Zuspeise gegessen, da sie zumeist milder als Essiggurken sind.

Reife Gurken
Apfelessig mit min. 7% Säure
Salz
Gelbe Senfkörner

Die Gurken werden geschält, entkernt und in so lange Stücke geschnitten, daß sie später aufrecht stehend in das Glas passen. Ihre Stärke sollte zwischen drei und fünf Zentimeter betragen. Die Gurken werden in ein Gefäß gelegt und über Nacht mit Salz bestreut, um ihnen das überschüssige Wasser zu entziehen. Anschließend werden sie abgetrocknet und stehend in die Gläser gefüllt. Die Senfkörner werden zusammen mit dem Essig über die Gurken geleert und anschließend je nach Größe der Gurken mindestens 25 Minuten bei 85° C gekocht. Dabei ist die Kerntemperatur wichtig. Je größer die Gurkenteile sind, desto länger ist die hohe Temperatur zu halten. Die Innentemperatur der innersten Gurke muß für zwei Minuten mindestens 80° C erreichen. Nach dem Erhitzen muß sofort wieder rückgekühlt werden.

ZWIEBELGURKEN

Zwiebelgurken sind eine verfeinerte Form von Essiggurken, bei denen als geschmacksverbessernde Zusätze entweder Zwiebelringe oder, je nach Belieben, Perlzwiebeln mit den Gurken eingelegt werden. Durch die Kombination wird einerseits der Zwiebelgeschmack etwas verringert, und andererseits erhalten die Gurken ein feineres Aroma. Praktisch ist dies, wenn zur Dekoration Perlzwiebeln und Essiggurken gewünscht werden.

Kleine Einleggurken
Perlzwiebeln
Gelbe Senfkörner
einige Pfefferkörner

Die Gurken werden 24 Stunden vorgewässert, um den möglicherweise bitteren Ton zu beseitigen. Die Zwiebeln werden geschält und dann zusammen mit dem verdünnten Essig (meist Essig zu Wasser 1:1, wenn der Essig mindestens 7% Säure hat) und den Gewürzen über die Gurken gegeben. Anschließend erfolgt der Kochvorgang bei ungefähr 90° C, mindestens 25 Minuten lang, im Wasserbad.

EINGELEGTE PAPRIKA

In vielen Ländern werden gelbe und rote Paprika – im Ganzen oder geschnitten – in Essig konserviert. Sie müssen allerdings vor der Verarbeitung immer blanchiert werden, damit die Haut nach dem Kochen nicht in Stücken abgeht und somit unansehnlich aussieht.

Frische Paprika – rot oder gelb
Salz
Apfelessig

Die Paprika läßt man nach der Ernte einige Tage abliegen. Vor der Verarbeitung werden sie ungefähr drei Minuten in kochendem Wasser blanchiert. Nach der Rückkühlung in kaltem Wasser kann dann problemlos die Haut entfernt werden. Die Paprika werden nun in Streifen geschnitten und mit dem gesalzenen Essig übergossen. Je nach Geschmacksrichtung kann der Salzgehalt variieren. Anschließend werden die Gläser verschlossen und mindestens 20 Minuten bei 90° C sterilisiert.

TOMATEN IN ESSIG

Bei Tomaten können grüne und rote Früchte eingelegt werden. Besonders Kirschtomaten eignen sich zum Einlegen hervorragend und ergeben sehr dekorative, wohlschmeckende Beilagen.

Apfelessig
Grüne oder rote Tomaten
Zwiebelringe
Salz
grüne Pfefferkörner

Die Tomaten werden gewaschen und von den Kelchblättern befreit. Wichtig ist, daß sie nicht überreif sind, damit sie nicht zerkochen. Kirschtomaten werden im Ganzen eingelegt, große Früchte entweder geachtelt oder in etwa 1 cm dicke Scheiben geschnitten. Anschließend werden sie in die Gläser gefüllt und mit dem gesalzenen Essig übergossen. Die Pfefferkörner werden schichtweise ins Glas gegeben, um den Geschmack abzurunden. Die Kochzeit beträgt je nach Größe der Tomaten zwischen 15 und 30 Minuten bei 90° C.

ROTE RÜBEN IN ESSIG

Rote Rüben (Rote Beten) erhält man hauptsächlich in Konserven. Nur selten werden frische Rüben angeboten, die dann zu Salat verarbeitet werden können.

Rote Rüben
Weißweinessig
Kümmel
Pfeffer
Salz

Die Rübenblätter werden durch Abdrehen entfernt. Anschließend werden die Rüben gewaschen und würfelig, blättrig oder in Streifen geschnitten. Dann wird die verdünnte Essiglösung mit den Gewürzen darübergegossen und verschlossen. Die Erhitzungsdauer sollte mindestens 30 Minuten bei 90° C betragen.

SCHWARZWURZELN MIT GINSENGESSIG

Schwarzwurzeln zählen nach wie vor zu den exotischen Gemüsearten, obwohl sie in früherer Zeit viel häufiger angebaut wurden. In Verbindung mit Essig, der mit Ginseng angesetzt wurde, erhalten sie einen sehr harmonischen, etwas bitteren Ton.

Schwarzwurzeln
Apfelessig
Ginseng
Salz

Die Schwarzwurzeln werden gewaschen, geschält und anschließend in ungefähr 3–4 cm lange Stücke geschnitten. Mit Salz überstreuen und zirka sechs Stunden entwässern. Hierauf werden sie in Gläser gefüllt und mit dem herbwürzigen Ginsengessig übergossen. Die verschlossenen Gläser werden 25 Minuten bei 90° C sterilisiert. Hier ist eine Rückkühlung besonders wichtig, damit die Wurzeln nicht zu weich gekocht werden.

DIE SENFBEREITUNG

Senf (Mostrich) zählt heute als Würze vieler Fleischgerichte und Saucen zu einem der feinsten Produkte unserer Küche. Durch die große Auswahl an Senfsorten, die derzeit in den Geschäften angeboten wird, werden praktisch alle Geschmacksrichtungen abgedeckt. Besonders Spezialitäten unter den Senfarten finden ihre Liebhaber.

Der Name Senf kommt vermutlich aus dem Ägyptischen und gelangte über das griechische und lateinisch „sinapi" zu uns. Senf wird aus einer der vielen verschiedenen Senfsamenarten hergestellt.

Viele Senfarten können vom Essigproduzenten oder im eigenen Haushalt hergestellt werden, wobei eine so feine Vermahlung wie in der Industrie oftmals nicht möglich ist. Das schadet dem Senf aber keineswegs und verleiht ihm einen eigenständigen Charakter.

SENFSAMEN

Senf gehört botanisch zur großen Gruppe der Kreuzblütler oder Cruciferae. Die Senfpflanze ist eine krautige, einjährige Pflanze, die eine Höhe von 1 bis 1,5 Meter erreicht und gelb blüht. Die Blüten sind endständig, und aus ihnen entwickeln sich Schoten, die den Samen enthalten, bei Vollreife aufspringen und dabei den Samen ausstreuen. Beim großflächigen Senfanbau werden die Pflanzen am Morgen geschnitten und anschließend vorgetrocknet, so daß der Samen erst bei der Aufsammelstelle abfallen kann. Die meisten Brassica- oder Senfsamen haben einen Durchmesser zwischen 1 und 2,5 mm. Als größte Gattung kann der Weiße Senf mit einer Korngröße bis 2,5 mm angesehen werden. Senfsamen sind kugelförmig und weisen an der Stelle, an der der Keimling liegt, einen kleinen Höcker auf. Die Keimblätter, die sich unter der festen Hülle befinden, sind sehr fettreich und stellen den größten Teil des Senfkornes dar. Wir kennen verschiedene Senfsamenarten, die nach ihrer Farbe oder ihrer Herkunft unterschieden werden. Allerdings ist dies nur für den Handel mit Senfsamen wichtig.

Grundsätzlich werden zwei große Gruppen unterschieden:

- Weißer oder Gelber Senf aus dem Samen von *Sinapis alba L.*
- Schwarzer oder Brauner Senf aus verschiedenen Brassica-Arten

Weißer Senf

Weißer Senf unterscheidet sich vom Schwarzen Senf nicht nur durch die helle, weiße, gelbliche bis rötlichweiße Farbe, sondern auch durch die Größe der Senfkörner. Sie beträgt zwischen 2 und 2,5 mm. Die Samen erscheinen unter der Lupe an der Oberfläche glatt. Die oberste Haut quillt beim Einweichen im Wasser auf, und es entsteht eine dicke, weißliche Schleimschicht, die ebenfalls als Merkmal zu bewerten ist. Beim Rie-

Die Blüten der Senfpflanze

Senfkörner hellgelb

Senfkörner dunkel

Hellgelbe Senfsaat

Dunkle Senfsaat ist schwieriger erhältlich

chen sticht Weißer Senf nicht in der Nase, da das Senföl, welches bei der Verarbeitung entsteht, nicht flüchtig ist. Senfarten aus dieser Senfsorte schmecken nur scharf.

Schwarzer oder Brauner Senf

Bei den dunklen Senfsorten werden verschiedene Arten gehandelt. Die wichtigsten Herkunftsgebiete und Typen sollen hier aufgezählt werden, obwohl bei der Verarbeitung nur geringe Unterschiede wahrnehmbar sind.

Brassica nigra, der auch noch als Brauner, Grüner oder Schwarzer Senf bezeichnet wird, wird vorwiegend im Mittelmeergebiet und in gemäßigten Zonen angebaut.
Brassica juncea stammt hauptsächlich aus Rumänien, Bulgarien und Rußland; er gelangt bei uns unter Sarepta-Senf oder rumänischer Braunsenf in den Handel.
Brassica cernua, als chinesischer oder japanischer Senf bezeichnet, kann seine Herkunft schon wegen seines Namens nicht verbergen. Er schmeckt etwas weniger scharf.
Brassica integrifolia oder indischer Braunsenf stammt aus dem Vorderen Orient (bis Indien) und ist durch intensive Schärfe gekennzeichnet. Er wird zumeist unter dem Namen „Rai" gehandelt.

Allen diesen botanisch unterschiedlichen Arten ist ein gemeinsames Aussehen gegeben. Die Körner sind zwischen 1 und 2 mm groß, wobei die Sareptasamen den größten Korndurchmesser aufweisen. Farblich gibt es rotbraune bis beinahe schwarzbraune Arten, die eine sehr starke Netzung an der Oberfläche aufweisen.
Bei der Eigenproduktion von Senf ist auf die Reinheit der Senfsaat zu achten, da heimische Pflanzen sehr leicht eine Verunreinigung mit anderen Samen mit sich bringen können. Dazu zählen besonders der Ackersenf *(Sinapis arvensis),* die Rüpsen *(Brassica rapa)* und der Raps *(Brassica napus),* die recht häufig als Vorfrucht oder Ölfrucht angebaut werden. Die Samen dieser Arten sind den Senfsamen sehr ähnlich, allerdings entfalten sie bei der Verarbeitung keine Senföle, so daß der typische Geruch und Geschmack von Senf nicht erreicht werden. Der Senf wäre dann verfälscht, da die Samen der letztgenannten Pflanzen bei weitem billiger sind als Senfsamen.

INHALTSSTOFFE

Wie vorher beschrieben, wird Senf aus dem Samen verschiedener Brassica- oder Sinapisarten gewonnen. Diese einjährigen krautigen Pflanzen kommen hauptsächlich im gemäßigteren Klima Europas und Asiens vor.
Je nach Senfsamenart enthält Senf verschiedene Inhaltsstoffe. Die wichtigsten davon sollen im folgenden aufgezählt werden, ohne daß auf ihr Entstehen während der Produktion eingegangen wird.

Wichtige Inhaltsstoffe sind:

- Öle
- Proteine
- Schleimstoffe
- Myrosinase
- Sinalbin
- Sinigrin

Öle

Alle Kreuzblütlersamen, zu denen die Senfkörner aus botanischer Sicht gehören, enthalten Öl. Das bekannteste ist das Rapsöl. Der Ölgehalt der Senfsamen liegt bei 25–35%. Dieses Öl ist geschmacklos. Da es die Verarbeitung erschwert, wird es bei einigen Verfahren vor der Verarbeitung abgepreßt. Das Öl enthält besonders viele Triglyceride und Erucasäure, wodurch es dem Rapsöl sehr ähnlich wird. Senföl hat eine gelbe Farbe und besonders viel Vitamin E (Tocopherol), das das Ranzigwerden verhindert. Solange das Öl bei den Senfsamen belassen wird, wirkt es wie ein Antioxidans und verhindert einen Qualitätsverlust durch Geschmacksänderung der Samen. Ranzige Samen sind für die Senfproduktion nicht gestattet.

Proteine

Proteine oder Eiweißverbindungen sind die zweite große Inhaltsstoffgruppe im Senf. Sie können allerdings sensorisch nicht wahrgenommen werden. Sie haben bei den Senfkörnern und vor allem beim Senfmehl aber die Eigenschaft der hohen Wasserbindefähigkeit, die bis zum Vierfachen der Menge betragen kann, was sich besonders bei zu dünn bereitetem Senf sehr positiv auswirken kann. Stärke kommt im Senfsamen nicht vor, so daß bei Nachweis von Stärke im Senf eine Verfälschung durch fremde Samen oder Mehl vorliegt.

Schleimstoffe

Dieser Schleim, der durch Aufweichen der Epidermis entsteht, ist vollkommen geschmacksneutral und beeinträchtigt die Verarbeitung in keiner Weise. Er tritt besonders bei den weißen oder gelben Senfsamen auf. Braune und schwarze Samen enthalten nur einen unmerklichen Teil an Schleim.

Myrosinase

Dieses Enzym ist der wichtigste Stoff der Senfpflanze, da es bei Feuchtigkeitsberührung erst die stechend scharf schmeckenden Senföle freisetzt. Ohne dieses natürliche Enzym wäre die Senfproduktion nur erschwert möglich.

Sinalbin

Sinalbin ist ein Senfölglucosid, welches bei Weißem Senf vorkommt. Durch das Enzym Myrosinase wird Sinalbin bei Flüssigkeitszusatz in Form von Essig, Wein oder Wasser zu den vermahlenen Senfkörnern in p-Hydroxybenzylsenföl und weitere Stoffe gespalten. Dieser Stoff ist nicht flüchtig, das heißt er kann nicht gerochen werden, ist aber sehr scharf. Als weiterer seiner Vorteile ist zu nennen, daß er nicht zerfällt, die Schärfe also auch bei längerer Lagerung erhalten bleibt. Gleichzeitig soll der Stoff Sinalbin auch eine bakterizide Wirkung haben, das heißt er verhindert das Auftreten von Bakterien.

Sinigrin

Sinigrin tritt bei Schwarzem Senf auf, und es entsteht nach Spaltung mit dem Enzym Myrosinase *Allylsenföl*. Dieses ätherische Öl ist wasserunlöslich und sehr leicht flüchtig, weshalb es auch im Senf relativ schnell abnimmt. Gleichzeitig verleiht es ihm einen stechenden Geruch. Dieses Senföl verflüchtigt sich besonders leicht beim Erhitzen, wo es an Wasserdampf gebunden wird. Soll es im Senf verbleiben, so ist dieser unbedingt in einem geschlossen Gefäß zu erhitzen. Reines Allylsenföl ist eine stechend riechende, farblose Flüssigkeit, die die Tränensekretion der Augen anregt.

SENFARTEN IM HANDEL

Tafelsenf

Tafelsenf wird nur aus wenigen Bestandteilen hergestellt, was sich auch im zumeist recht niedrigen Preis niederschlägt. Die Zutaten sind Senfsaat, Essig, Salz, Gewürze und Wasser. Die Senfsamen sollten möglichst fein vermahlen werden, wobei ein Mahlgrad unter 30 µm angestrebt wird. Größere Partikel stammen aus den Schalen der Senfsamen, sollten aber für gewöhnlich nicht vorkommen. Sein Geschmack ist vielfach nicht ganz rund und vorwiegend scharf. Er wird hauptsächlich für Saucen und zum Verkochen verwendet.

Estragonsenf

Estragonsenf besteht mehrheitlich aus gelbem Senfsamen. Der Mahlgrad liegt ebenfalls wieder zwischen 30 und 40 µm, und Estragonsenf ist durch eine glatte pastöse Konsistenz erkennbar. Sein Geruch erinnert sehr stark an Essig mit einem würzigen Unterton. Der Geschmack dieses Senfs ist würzig-aromatisch bei nur geringer Schärfe. Besonders der salzige Grundgeschmack ermöglicht das einfache Erkennen. Er eignet sich für beinahe alle Speisen und besonders für Personen, denen viele andere Senfarten zu scharf oder zu süß sind.

Kremsersenf

Kremsersenf wird hauptsächlich aus dunklem Senfsamen hergestellt. Dabei wird der Senfsamen mit Gärungsessig, zumeist Weinessig, vorgequollen und erst anschließend vermahlen. Der Mahlgrad liegt um einiges höher als beim Estragonsenf, so daß die dunklen Schalenteile noch erkennbar sind. Durch den hohen Zuckeranteil schmeckt Kremsersenf zumeist süßlich und mild. Das Allylsenföl der schwarzen Senfsamen entweicht bei der Verarbeitung. Je nach gewünschter Schärfe können auch weiße Körner mitverarbeitet werden, jedoch sollte Kremsersenf immer mild schmecken.

Dijonsenf

Dijonsenf wird aus nicht entölten schwarzen (braunen) Senfsamen oder nicht entölten Samen von Sareptasenf mit Gärungsessig und Kochsalz hergestellt. Dabei werden die Samen mit Gärungsessig, zumeist Weinessig, vorgequollen, aufgebrochen, durch Passieren von den Schalenteilen befreit und nach dem Versetzen mit Kochsalz und geschmackgebenden Zutaten einem Reifeprozeß unterzogen. Dijonsenf hat zumeist eine hellgelbe Farbe und weist einen sehr scharfen und deutlich salzigen Geschmack auf. Der Name Dijon ist von der französischen Stadt abgeleitet, die eine besonders lange Senftradition aufweist. Gleichzeitig ist das Dijonverfahren ein spezielles Produktionsverfahren für Senf. Dijonsenf ist auch die fettreichste Art, die bei uns angeboten wird.

Sareptasenf

Sareptasenf wird nur aus Sareptasamen, Weinessig, Salz, Zucker und Gewürzen hergestellt. Er weist einen weniger pastösen Charakter und keine Schalenteile auf. Zumeist wird der Samen vor der Verarbeitung geschält. Eine Entölung findet auch hier nicht statt. Sareptasenf hat einen eher milden Geschmack mit einer würzigen Note nach Essig.

Englischer Senf

Der Name „englisch" wird für scharfe Senfarten verwendet, bei denen die Gesamtschärfe durch Senfsamen erreicht wird. Zumeist wird dieser Senf mit Zucker abgerundet, so daß er süßlich-scharf schmeckt. Andere Stoffe sollten nicht als Schärfebildner eingesetzt werden. Wenn zum Beispiel Pfeffer oder Chili zugesetzt werden, so darf die typische Senfschärfe davon nicht überdeckt werden. Hauptsenfsorte ist dunkler Senf, er wird allerdings, um die Schärfe länger zu bewahren, mit Gelbem Senf gemischt.

Andere Senfarten, wie Grillsenf, Pustasenf, Zwiebelsenf, Kren- oder Meerrettichsenf, Knoblauchsenf, Pfeffersenf und wie sie alle heißen, sind Gewürzsenfarten, die zumeist eine Mischung von verschiedenen Senfsamen repräsentieren.
Ihr Geschmacksbild wird hauptsächlich durch die zugesetzten Gewürze bestimmt, die vielfach den typischen Senfgeschmack überdecken.

VERFAHREN DER SENFBEREITUNG

Bei der Senfbereitung können hauptsächlich zwei Verfahren unterschieden werden:

Das Bordeaux- oder Deutsche Verfahren

Bei diesem Verfahren werden nichtentölte Senfsamen gereinigt und von jeglichen Fremdbestandteilen befreit. Je nachdem, welche Senfsorte produziert werden soll, werden die verschiedenen Arten von Senfsamen gemischt. Zumeist werden Braunsenf und Gelbsenf miteinander gemischt, um ein harmonisches Geschmacksbild zu erreichen. Der nächste Arbeitsschritt ist das grobe Zerkleinern oder Schroten der Senfkörner. Dies kann entweder mittels einer kleinen Getreidemühle oder mittels einer Hammermühle geschehen. Oftmals genügt auch schon das Quetschen der Senfkörner, um einen nachfolgenden Aufschluß zu ermöglichen. Die zerkleinerten Senfkörner werden dann abgewogen und in einem Maischebehälter angesetzt. Der Ansatz des „Senfmehles" erfolgt unter Zugabe von Wasser oder Wein, Essig (Gärungs- oder Säureessig),

Kochsalz und gegebenenfalls Zucker sowie anderen geschmackgebenden Zutaten. Die Ansatzzeit beträgt in etwa zwei Stunden, wobei regelmäßig gerührt werden sollte. Nach dieser Zeit wird die Senfmaische vollkommen fein vermahlen. Der Mahlgrad von etwa 30 μm sollte erreicht werden, was allerdings nur mittels Korundscheibenmühlen möglich ist. Im Haushalt kann dies durch längere Mixzeit nur annähernd erreicht werden, so daß eine besonders feine Vermahlung schon vor dem Einmaischen bessere Erfolge bringt. Anschließend wird der Senf in Behälter abgefüllt. Senfsorten mit einer geringen Haltbarkeit sollten unter ständigem Rühren erhitzt werden und erst dann in die Behälter abgefüllt werden.

Das Dijonverfahren

Das Dijonverfahren, bezeichnet nach der französischen Stadt Dijon, unterscheidet sich vom Deutschen Verfahren durch die Verwendung einer Passierlinie, mittels derer alle groben Teile entfernt werden können. Bei dieser Senfart werden nichtentölte, schwarze (braune) Senfsamen oder nichtentölte Samen von Sareptasenf verwendet. Die Senfsamen, die noch nicht zerkleinert sind, werden mit Gärungsessig ungefähr zwei bis drei Stunden vorgequollen. Hierauf werden die ganzen Körner in einer Walzenmühle

---

Kennzeichnungselemente von Senf

- Sachbezeichnung

- Name und Adresse

- Nettofüllmenge
- Chargennummer (mit "L" im Text)

- Mindesthaltbarkeitsdatum (max. 9 Monate)
- Zutatenliste

Zwiebelsenf

Franz Senf
Dijonweg 34
A-8000 Sauerdorf
Tel.:03333/3333

250 g   L1125
mindestens haltbar bis
Mon./Jahr
Zutaten: Senfsaat, Salz,
Apfelessig, Zwiebeln

aufgebrochen. Der nächste Schritt ist der Passiervorgang, bei welchem die Senfsamen von allen Schalenteilen befreit werden. Erst dann erfolgt die Zugabe von Kochsalz und geschmackgebenden Zutaten. Nach einer gründlichen Durchmischung und eventuellen Erwärmung, wobei auch eine Eindickung erfolgen kann, wird der Senf einem Reifeprozeß unterzogen. Dieser besteht in einem Auskühlenlassen mit anschließender Standzeit von wenigen Stunden bis zu mehreren Tagen. Je nach gewünschter Konsistenz dauert auch die Eindickzeit unterschiedlich lange. Die meisten Dijonsenfarten sind in ihrer Konsistenz etwas dicker als Senfarten nach dem Deutschen oder Bordeaux-Verfahren.

ABFÜLLUNG UND VERKAUF VON SENF

Wer Senf verkaufen möchte, muß sich ebenfalls – wie beim Essig – an das *Österreichische Lebensmittelbuch* und an die *Lebensmittelkennzeichnungsverordnung* halten. Die Bestimmungen sind genauso wie bei Essig handzuhaben. Die Essigart muß in der Zutatenliste genannt werden.

SENFREZEPTE

Die folgenden Rezepte sind, wie beim Essig, wieder nur ein Auszug aus ihrer Vielfalt und können je nach Geschmacksrichtung selbstständig verfeinert oder mit anderen Zutaten versehen werden.

EINFACHER SENF

Dieser Senf ist der sogenannte „Einsteigersenf", da er sehr einfach herzustellen und vor allem durchaus bekömmlich ist.

300 g Senfmehl
0,75 l Apfelessig
2 Eßlöffel Zucker
1 Teelöffel Salz
etwas Pfeffer

Das Senfmehl wird mit dem Apfelessig gekocht und anschließend mit den Zutaten vermischt. In einer Schale wird der Senf solange gerührt, bis er völlig erkaltet ist. Erst dann in Ton- oder Glasgefäße abfüllen.

GEWÖHNLICHER SENF MIT PFEFFER

Senf, wie er gewöhnlich angeboten wird, kann besonders für Saucen sehr einfach selbst hergestellt werden. Für spezielle Wurstgerichte oder besondere Speisen ist er allerdings im Geschmack zu wenig raffiniert.

400 g gelbe Senfkörner
0,25 l Weißweinessig mit min. 7% Säure
0,25 l Wasser
1 Eßlöffel Salz
3 Eßlöffel Zucker
1 Teelöffel Schwarzer Pfeffer

Die Senfkörner werden zusammen mit dem Pfeffer, falls er noch nicht gemahlen sein sollte, im Mörser zerstoßen und fein verrieben, anschließend mit dem Weißweinessig zu einem dicken Brei verrührt und mindestens 60 Minuten stehen gelassen. Nach dieser Zeit werden die restlichen Zutaten in den Brei gemischt und bei niedriger Hitze langsam zum Aufkochen gebracht. Der Senfbrei muß während des gesamten Kochvorganges gerührt werden, um ein Anbrennen zu vermeiden. Wenn der Senf dann die gewünschte Konsistenz erreicht hat, kann er in Steingut-, Keramik- oder Glasbehälter abgefüllt werden. Er ist sofort zu verschließen und sollte so schnell als möglich auskühlen. Die Aufbewahrung sollte nicht im Kühlschrank, aber trotzdem kühl und dunkel erfolgen. Die Haltbarkeit beträgt ungefähr sechs Monate.

SÜSSER SENF

Je nach Geschmacksrichtung, ergibt süßer Senf oft ein harmonischeres Geschmacksbild als scharfer Senf. Besonders manche Wurstarten (z.B. Weißwurst) und auch bestimmte Fleischspeisen schmecken mit süßem Senf wesentlich besser.

200 g gelbe Senfkörner
200 g Kristallzucker
50 g Waldhonig
0,5 l Weißweinessig
20 g frischer Kren (Meerrettich)

Die Senfkörner werden im Mörser zerstoßen und mit dem Essig angesetzt. Nach ungefähr einer Stunde wird der geriebene Meerrettich zusammen mit der Essig-Senfkör-
ner-Mischung, dem Zucker und dem Honig im Standmixer mindestens zehn Minuten
lang gemixt. Anschließend wird das Ganze langsam erhitzt und bei einer Temperatur
von mindestens 90° C in die Aufbewahrungsbehälter gefüllt. Diese sollten dann so
schnell als möglich auskühlen und kühl und dunkel gelagert werden. Die Haltbarkeit
beträgt bei geschlossenen Behältern ungefähr sechs Monate.

WHISKYSENF

Whiskysenf, eine besondere Spezialität, ist durch sein rauchiges Aroma, welches vom
Whisky kommt, und der leicht alkoholischen Note besonders bei festlichen Anlässen
sehr willkommen.

400 g gelbe Senfkörner
1 l Apfelessig
6 cl ($^1/_{16}$ l) Whisky
1 Teelöffel Salz
etwas Pfeffer

Die Senfkörner werden fein zerstoßen und mit dem vorher erhitzten Essig vermischt.
Nach einer Standzeit von etwa 20 Minuten wird der Whisky in die noch warme Masse
gegeben und in einer Schüssel kaltgerührt. Dann in Tongefäße abfüllen. Nach ungefähr zwei Wochen ist der Senf fertig. Seine Haltbarkeit beträgt sechs Monate.

FRANZÖSISCHER SARDELLENSENF

Französischer Sardellensenf ist pikant und weist einen deutlichen Ton nach Sardellen auf, was ihn besonders für Fischgerichte und deren Saucen sehr bekömmlich macht.

300 g gelbe Senfkörner
0,75 l Apfelessig
1 Teelöffel Salz
2 Eßlöffel Zucker
10 passierte Sardellen
40 g Honig
Estragon und Kerbel zum Würzen

Die Senfkörner werden zerstoßen und mit dem Apfelessig aufgekocht. Anschließend werden die restlichen Zutaten zugesetzt, und man läßt das Ganze unter ständigem Rühren erkalten. Nach etwa sechs Wochen – bei kühler Lagerung – entfaltet sich der Sardellenton vollständig, und der Senf kann genossen werden.

ENGLISCHER KRÄUTERSENF

Dieser Spezial-Kräutersenf, der sehr intensiv ist, kann zu allen Speisen gegessen werden.

300 g gelbe Senfkörner
0,25 l Wasser
0,25 l Weinessig
2 Eßlöffel Aceto Balsamico
30 g gemischte gehackte Kräuter (Basilikum, Liebstöckl, Estragon, Petersilie, Schnittlauch)
2 Teelöffel Salz
2 Eßlöffel Zucker
2 Teelöffel grüner Pfeffer
etwas Pflanzenöl

Die Senfkörner werden im Weinessig und dem Wasser drei Stunden angequollen und anschließend im Mixer fein vermahlen. Nach einer weiteren Quellzeit von drei Stunden werden alle Zutaten, mit Ausnahme des Öles, zugesetzt und erhitzt. Das Öl wird beim Auskühlen tropfenweise miteingerührt, bis die ganze Masse cremig ist. Die Abfüllung erfolgt in Ton- oder Glasgefäße mit Schraubdeckel.

EINFACHER DIJONSENF

Dijonsenf zeichnet sich durch seinen intensiv salzigen und säuerlichen Ton aus. Er ist in den meisten Fällen durch eine besondere Schärfe gekennzeichnet.

400 g gelbe Senfkörner
0,5 l Weinessig
0,5 l Wasser
2 Eßlöffel Salz
1 Knoblauchzehe
1/4 Zwiebel

Die Senfkörner werden mit dem Wasser und dem Essig angesetzt und mindestens zwei Stunden stehengelassen. Erst dann erfolgt die Zerkleinerung mit dem Mixer oder einer sehr feinen Passierscheibe. Die Masse wird, falls sie noch zu flüssig sein sollte, bei kleiner Flamme eingedickt und in Steingut- oder Keramiktöpfe gefüllt. Die Haltbarkeit beträgt zumeist etwa sechs Monate.

SCHARFER SENF MIT WEISSWEIN

Scharfer Senf eignet sich besonders zu Fleischspeisen und vielen Wurstarten. Seine Intensität verfeinert aber auch viele Grillspeisen.

150 g weiße Senfkörner
150 g dunklere Senfkörner
80 g Zucker
0,25 l Weißwein
0,25 l Weinessig mit min. 6% Säure
1 1/2 Eßlöffel Salz
Saft einer Knoblauchzehe
1/2 Eßlöffel Piment

Die Senfkörner werden im Mörser vollkommen fein zerstoßen und anschließend mit dem beigemischten Zucker verrieben, damit ein möglichst feiner Senf entsteht. Anschließend wird dieses Pulver mit der Hälfte des Weines und des Essigs vermischt und mindestens vier Stunden im Kühlen ziehen gelassen. Nach dieser Zeit werden die restlichen Zutaten zugesetzt. Unter ständigem Rühren bei nur geringer Hitze aufkochen lassen.
Nach einiger Zeit wird diese Masse dann etwas dicker. Je nach gewünschter Senfdicke kann die Kochdauer unterschiedlich sein. Wichtig ist dabei nur, daß während der ge-

*Mörser, Senfsaat, Essig, Most, Salz und Kräuter – mehr wird zur Bereitung von
Kräutersenf nicht benötigt!*

Roh- oder körniger
Senf

*Nach ca. 2 Stunden „Einmaischzeit" werden
die gehackten Kräuter dazugemischt.*

Fertiger körniger Senf

samten Kochdauer ständig gerührt wird, um ein Anbrennen zu vermeiden. Der Senf wird dann in Behälter, entweder Keramik oder Glas, gefüllt und kühl und dunkel gelagert. Die Aufbewahrung sollte nicht im Kühlschrank erfolgen, da der Senf dann zu sehr zum Eindicken neigt. Dieser Senf ist allerdings nicht länger als drei Monate haltbar, was bei einem möglichen Verkauf unbedingt zu beachten ist.

SCHARFER SENF MIT APFELTON

Dieser Senf, der ebenso wie der vorangegangene hergestellt wird, unterscheidet sich nur durch die Verwendung von Apfelessig und Apfelwein. Sein Geschmack ist je nach Fruchtigkeit des verwendeten Apfelweines harmonischer und für viele Fleischspeisen besser geeignet.

300 g gelbe Senfkörner
100 g schwarze Senfkörner
100 g Zucker
0,25 l Apfelessig mit min. 6% Säure
0,25 l frischer Apfelwein
1/2 Apfel
1 Eßlöffel Meersalz
1 Teelöffel Weißer Pfeffer
1 Teelöffel Piment

Die Pfefferkörner werden mit den Senfkörnern und dem Zucker sehr fein vermahlen und verrieben. Die Ansatzzeit mit dem Apfelwein und dem Essig beträgt ebenfalls wieder vier Stunden. Anschließend wird die gesamte Menge mit dem halben Apfel im Standmixer mindestens zehn Minuten lang gemixt. Der restliche Vorgang ist derselbe wie beim scharfen Senf mit Weißwein. Seine Haltbarkeit beträgt ebenfalls wieder ungefähr drei Monate.

SENF MIT MUSKAT UND WEIN

Dieser dunkle Senf eignet sich besonders für die etwas ausgefallenere Küche und hier
wiederum sehr gut für Fleischspeisen mit aromatischer Sauce. Er schmeckt aber auch
pur zu Fisch- und Lammgerichten.

400 g gelbe Senfkörner
0,25 l Rotweinessig
0,25 l Rotwein
1 Eßlöffel Salz
50 g Staubzucker
1 Muskatnuß

Die Senfkörner werden im Mörser zerstoßen und verrieben und mit dem Essig sowie
dem Rotwein angesetzt. Nach einer Standzeit von mindestens drei Stunden erfolgt die
Zugabe der restlichen Zutaten. Die geriebene Muskatnuß wird erst vor dem Aufkoch-
vorgang zugesetzt, da sie sonst einen zu intensiven Geschmack verursacht. Nach der
Eindickzeit und der Erhitzung auf 90° C erfolgen die Abfüllung und der Verschluß. Die
Haltbarkeit beträgt maximal sechs Monate.

KRÄUTERSENF

Kräutersenf ist eine besondere Spezialität, die sich hervorragend zu Grillspeisen eignet. Je nach gewünschter Geschmacksrichtung, können verschiedene Kräuter zugesetzt werden. Um sich von Großproduzenten zu unterscheiden, sollten frische Kräuter
verwendet werden.

400 g gelbe Senfkörner
0,5 l Essig
0,5 l Weißwein
2 Eßlöffel Salz
gemischte Kräuter eigenen Geschmacks

Die Senfkörner werden zerkleinert, mit dem Essig und dem Weißwein übergossen und
mindestens zwei Stunden bei einer Temperatur von 40° C eingemaischt. Nach dieser
Zeit werden die Kräuter zerkleinert und mit dem Essig vermischt. Danach wird das
Ganze in Gläser abgefüllt. Die Mindesthaltbarkeit beträgt etwa sechs Monate.

GARTENKRÄUTERSENF

Gartenkräutersenf ermöglicht es, den Senfgeschmack je nach Jahreszeit zu variieren. Die vorgeschlagene Kräutermischung ergibt einen sehr aromaintensiven Senf.

400 g Senfkörner
0,25 l Apfelessig
0,25 l fruchtiger Most
2 Eßlöffel Salz
5 g Liebstöckl
5 g Oregano
1 Knoblauchzehe (zerdrückt)
5 g Schnittlauch

Zubereitung siehe Kräutersenf.

Je nach gewünschter Geschmacksrichtung stehen auch bei der Senfbereitung die verschiedensten Möglichkeiten der Würzung offen.

GESETZLICHE BESTIMMUNGEN

GESETZLICHE BESTIMMUNGEN DER ESSIGBEREITUNG

Der folgende Abschnitt beschäftigt sich mit den gesetzlichen Grundlagen der Essigbereitung. Für das Produkt Essig gilt das *Kapitel B8* des *Österreichischen Lebensmittelbuches*. Der folgende Text ist direkt dem *Lebensmittelbuch* entnommen und wird wörtlich wiedergegeben.

I. Beschreibung

1. Unter Essig versteht man eine zum menschlichen Genuß, insbesondere zum Säuern und Konservieren von Speisen geeignete Flüssigkeit, die entweder durch den Prozeß der doppelten Fermentation, nämlich den der alkoholischen und der Essiggärung, oder durch Verdünnen von für Genußzwecke geeigneter Essigsäure mit Trinkwasser hergestellt wird.

2. Bestehen für bestimmte Spezialitäten im Erzeugerland im Zusammenhang mit der handelsüblichen Sachbezeichnung (Verkehrsbezeichnung) oder aufgrund von Herkunfts-, Ursprungs- oder geographischen Bezeichnungen qualifizierte Anforderungen, so sind diese für die Beurteilung maßgeblich. Zur Information des Verbrauchers werden die für das Produkt maßgeblichen Bezeichnungen in deutscher Sprache, lateinischen Buchstaben und arabischen Ziffern angegeben. Handelsübliche fremdsprachige Bezeichnungen sind als Sachbezeichnung zulässig. Die Herkunft wird durch ein amtliches Ursprungszeugnis nachgewiesen.

3. Damit Essig ausreichend haltbar und nicht nur zum Säuern, sondern auch zum Konservieren von Lebensmitteln geeignet ist, muß sein Gesamtsäuregehalt – als Essigsäure berechnet – mindestens 5 g in 100 ml Flüssigkeit, bei Weinessig mindestens 6 g in 100 ml, betragen. Die Beschaffenheit des Essigs hängt aber nicht nur von seinem Gehalt an Essigsäure, sondern auch vom Ausgangsmaterial und von allfälligen Zutaten ab. Essig enthält außer Essigsäure nur jene organischen Säuren, die aus dem verwendeten Ausgangsmaterial stammen oder sich bei der Herstellung bilden.

4. Sowohl durch das Ausgangsmaterial als auch durch zulässige Herstellungs- und Behandlungsverfahren bedingt, können geringe, gesundheitlich unbedenkliche Mengen anorganischer Säuren im Essig enthalten sein.

5. Essig darf nicht gefärbt[1] und nicht mit Verdickungsmitteln[2] versetzt werden.

6. Essig darf nicht konserviert[3] und nicht mit Antioxidantien[4] versetzt werden.

7. Essig ist blank und enthält weder von Mikroorganismen stammende Trübungen (Essigmutter) noch Trübstoffe, Partikel oder Essigälchen. Bei Wein- oder Apfelessig können jedoch vom Rohstoff stammende Schwebstoffe sowie Bodensätze vorkommen. Vermehrungsfähige Mikroorganismen sind auch in diesen Produkten keinesfalls enthalten. Geruch und Geschmack sind reintönig und entsprechen der Sortenbezeichnung.

8. Man unterscheidet Gärungsessig und Säureessig.

   a) Gärungsessig liegt vor, wenn die Essigsäure durch doppelte Fermentation entstanden ist. Er enthält typische Fermentationsprodukte, wie 2-Ketogluconsäure, 5-Ketogluconsäure, Gluconsäure, Zitronensäure und Aminosäuren. Alle aus Wein, Obstwein oder Honig hergestellten Gärungsessige enthalten für sie charakteristische Stoffe, wie Acetoin und 2,3-Butylenglykol.

   b) Säureessig entsteht durch Verdünnen von konzentrierter, den Bedingungen des Abs. 23 entsprechender Essigsäure mit Trinkwasser und enthält die in lit. a erwähnten Fermentationsprodukte nicht.

9. Gärungsessig wird nach den verwendeten Ausgangsmaterialien unterschieden:
   a) Weinessig wird aus Traubenwein erzeugt. Schlempe, Geläger und Trester werden zur Herstellung von Weinessig nicht verwendet.
   b) Obstweinessig wird aus Obstwein erzeugt. Schlempe, Geläger und Trester werden zur Herstellung von Obstweinessig nicht verwendet.
   c) Trester-, Bier-, Malz-, Honig-, Molkenessig und andere werden, ihrer Bezeichnung entsprechend, aus Trestern (Preßrückständen), Bier, vergorener Malzwürze, vergorenem Honig, vergorener Molke und anderem erzeugt.
   d) Weingeistessig wird aus Alkohol für Genußzwecke (Weingeist)[5] erzeugt.
10. Gärungsessige unterschiedlichen Ausgangsmaterials dürfen miteinander verschnitten werden (Bezeichnung siehe Abs. 25 lit. e)
11. Säureessig und Gärungsessig (ausgenommen Weingeistessig) dürfen miteinander verschnitten werden (Bezeichnung siehe Abs. 25 lit. g)
12. Wein, der bei der Herstellung von Wein- und Obstweinessig verwendet wird, muß den für die Essigerzeugung geltenden Vorschriften des Weingesetzes[6] entsprechen.
13. Bei der Erzeugung von Wein- und Obstweinessig werden – ausgenommen Erzeugnisse, die in den Absätzen 14, 16, 17 geregelt sind – keine Stoffe zugesetzt, die eine Erhöhung des Extraktgehaltes oder des Aschegehaltes bewirken.
14. Um den Essigen einen besonderen Geruch und Geschmack zu verleihen, können entweder Pflanzenteile oder Extrakte aus Pflanzenteilen zugesetzt werden. Essige können auch mit natürlichen Aromen aromatisiert werden. Naturidente oder künstliche Aromastoffe werden nicht verwendet. Der Gehalt an geruchs- und geschmacksgebenden Stoffen muß so groß sein, daß diese auch bei einer Verdünnung des Essigs bis auf 1% Gesamtsäure noch deutlich wahrnehmbar sind.
15. Wird bei Erzeugnissen gemäß der Abs. 9a und 9b dieses Kapitels auf biologischen Anbau hingewiesen, so werden diese ausschließlich aus Obst hergestellt, das dem Codexkapitel A8 „Landwirtschaftliche Produkte aus biologischem Landbau und daraus hergestellte Folgeprodukte" entspricht. Für ihre Herstellung gelten die Richtlinien des Codexkapitels A 8 und dieses Codexkapitels mit Ausnahme der Absätze 10, 11, 16 und 17. Bei der Herstellung erfolgt weder ein Wasserzusatz noch eine Rückverdünnung. Auch eine Beigabe von Aromen oder künstlichen Süßstoffen erfolgt nicht.
16. Essigen können andere Lebensmittel, wie Fruchtmark, Fruchtsäfte, Honig, Zucker, Zuckerarten, Fruchtsüße und Salz, zugesetzt werden.
17. Essigen können als Geschmacksverstärker Glutaminsäure und deren Mononatrium-, Monokalium- und Calciumsalze zugesetzt werden.
18. Für das Verwenden künstlicher Süßstoffe ist die Süßstoff-Verordnung[7] maßgebend.

II. Chemische Anforderungen

19. Säuregehalt (Gesamtsäure): Mindestens 5 g pro 100 ml, bei Weinessig 6 g pro 100 ml, berechnet als Essigsäure.
20. Gärungsessig:
    a) Restalkohol
Wein- und Obstweinessig	höchstens 4,0 g/l
alle anderen Gärungsessige	höchstens 8,0 g/l

b) 2-Ketogluconsäure: nachweisbar
5-Ketogluconsäure: nachweisbar
Gluconsäure: nachweisbar

21. Weinessig

   a) Die Beurteilung von Weinessig läßt die ausschließliche Verwendung von Wein (allenfalls nach Verdünnung mit Trinkwasser), der im Sinne des Weingesetzes[6] zur Essigbereitung geeignet ist, erkennen.

   b) Chemische Anforderungen:
     1. Acetoin: nachweisbar
     2. Sorbit: unter 0,3 g/l
     3. Fremdfarbstoff[1]: nicht nachweisbar
     4. Konservierungsmittel[3]: nicht nachweisbar
     5. Antioxidantien[4]: nicht nachweisbar

   c) Zusätzliche Anforderungen für Österreichischen Qualitäts-Weinessig:

1. zuckerfreier Extrakt

Gesamtsäure[8]	zuckerfreier Extrakt
110 g/l	mindestens 13,2 g/l
100 g/l	mindestens 12,0 g/l
90 g/l	mindestens 10,8 g/l
80 g/l	mindestens 9,6 g/l
70 g/l	mindestens 8,4 g/l
60 g/l	mindestens 7,2 g/l

2. Aschegehalt

Gesamtsäure[8]	Aschegehalt	
	Weißweinessig	Rotweinessig
110 g/l	mindestens 1,43 g/l	mindestens 1,76 g/l
100 g/l	mindestens 1,30 g/l	mindestens 1,60 g/l
90 g/l	mindestens 1,17 g/l	mindestens 1,44 g/l
80 g/l	mindestens 1,04 g/l	mindestens 1,28 g/l
70 g/l	mindestens 0,91 g/l	mindestens 1,12 g/l
60 g/l	mindestens 0,78 g/l	mindestens 0,96 g/l

22. Obstweinessig

   a) Die Beurteilung von Obstweinessig läßt die ausschließliche Verwendung von Obstwein (allenfalls nach Verdünnung mit Trinkwasser), der im Sinne des Weingesetzes[6] zur Essigbereitung geeignet ist, erkennen.

   b) Chemische Anforderungen:
     1. Acetoin: nachweisbar
     2. Weinsäure: unter 0,1 g/l
     3. Sorbit: in Beerenweinessig unter 0,1 g/l
     4. Fremdfarbstoff[1]: nicht nachweisbar
     5. Konservierungsmittel[3]: nicht nachweisbar
     6. Antioxidantien[4]: nicht nachweisbar

c) Zusätzliche Anforderungen für Österreichischen Qualitäts-Kernobstweinessig:

zuckerfreier Extrakt

Gesamtsäure[8]	zuckerfreier Extrakt
80 g/l	mindestens 13,6 g/l
70 g/l	mindestens 11,9 g/l
60 g/l	mindestens 10,2 g/l

für Österreichischen Qualitäts-Steinobstweinessig und Österreichischen Qualitäts-Beerenweinessig

Gesamtsäure[8]	zuckerfreier Extrakt
je 10 g/l	mindestens 2,0 g/l

23. Essigsäure
Essigsäure, die zur Herstellung von Säureessig bestimmt ist, muß nachfolgenden Anforderungen entsprechen:

Ameisensäure:	unter	1 g/kg	⎫
Acetaldehyd:	unter	100 mg/kg	
Chlorid:	unter	10 mg/kg	⎬ bezogen auf
Sulfat:	unter	10 mg/kg	100%ige
Abdampfrückstand:	unter	50 mg/kg	Essigsäure
Blei:	unter	1 mg/kg	
Arsen:	unter	1 mg/kg	⎭

Permanganatbeständigkeit: mindestens 30 Minuten

III. Bezeichnung

24. Die Bezeichnung „Essig" für sich allein oder in Verbindung mit Fantasiebezeichnungen ist zur Täuschung geeignet, weil sie nichts über die besondere Beschaffenheit des Essigs aussagt. Daher wird die Bezeichnung „Essig" allein und in Verbindung mit Fantasiebezeichnungen nicht als Sachbezeichnung verwendet.

25. Die in diesem Kapitel beschriebenen Erzeugnisse werden deutlich sicht- und lesbar auf der Hauptetikette im Sichtfeld wie folgt bezeichnet:
Gärungsessig:
a) Alle in Abs. 9 lit. a genannten Produkte als „Weinessig".
b) Alle in Abs. 9 lit. b genannten Produkte in Verbindung mit der jeweiligen Obstart als „...essig" oder „...weinessig" (z.B. „Apfelessig", „Apfelweinessig").
c) Alle in Abs. 9 lit. c genannten Produkte nach ihrer Herkunft (z.B. „Tresteressig", „Bieressig").
d) Alle in Abs. 9 lit. d genannten Produkte als „Weingeistessig".
e) Alle in Abs. 10 genannten Produkte als „Gärungsessig, hergestellt aus ...", wobei der Anteil der Essige in ganzzahligen (gerundeten) Volumsprozenten in absteigender Reihenfolge angegeben wird.
Säureessig:
f) Alle in Abs. 8 lit. b genannten Produkte „Säureessig".

g) Alle in Abs. 11 genannten Produkte als „Säureessig, hergestellt aus ...", wobei der Anteil der Essige in ganzzahligen (gerundeten) Volumsprozenten in absteigender Reihenfolge angegeben wird.

26. Der Gehalt an Essigsäure wird in ganzzahligen (gerundeten) Volumsprozenten in unmittelbarem Zusammenhang mit der Sachbezeichnung angegeben.

27. Zusätze gemäß Abs. 14 und 16 werden in unmittelbarem Zusammenhang mit der Sachbezeichnung angegeben.

28. Wird in der Bezeichnung auf Honig hingewiesen, so stammt der Zuckeranteil gänzlich aus Honig.

29. Auch zusätzliche hervorhebende Bezeichnungen setzen eine Beigabe anderer Lebensmittel voraus, durch die sich der Essig im Sinne dieser Beigaben deutlich vom verwendeten Grundprodukt abhebt.

30. Essigsäure mit einem Gehalt von mehr als 15,5% wasserfreier Essigsäure wird handelsüblich als „Essigessenz" bezeichnet[9].

31. Weinessige und Obstweinessige aus Obst aus biologischem Anbau sind in unmittelbarem Zusammenhang mit der Sachbezeichnung gem. Abs. 25a und 25b als „aus Obst aus biologischem Landbau", „aus Obst aus biologischer Landwirtschaft" zu bezeichnen. Statt „biologisch" kann auch die Bezeichnung „organisch-biologisch" oder „biologisch-dynamisch" verwendet werden.

IV. Beurteilung

Allgemeine Beurteilungshinweise

32. Aus der Vielzahl der möglichen Anlässe zu Beanstandungen werden in den folgenden Absätzen solche herausgestellt, die für Waren diese Kapitels typisch sind. Bei der Beurteilung sind jedoch auch die allgemeinen Beurteilungsgrundsätze des Codexkapitels A 3 heranzuziehen. Für Weinessig sind die Bestimmungen des EG-Weinrechts zu beachten.

Gesundheitsschädlichkeit

33. Als gesundheitsschädlich sind zu beurteilen:
Erzeugnisse, wenn sie Mykotoxine, Schädlingsbekämpfungsmittel, Pflanzenschutzmittel, Cyanverbindungen oder andere Stoffe in einem Ausmaß enthalten, das geeignet ist, die menschliche Gesundheit zu gefährden oder zu schädigen.

Verdorbenheit

34. Als verdorben sind zu beurteilen:
a) Essig, der von Mikroorganismen stammende Trübungen (Essigmutter) aufweist oder wesentliche Mengen an Trübstoffen, Partikeln oder Essigaelchen enthält;
b) Essig, dessen Geruch oder Geschmack nicht reintönig ist.

Unreife

35. Als unreif sind zu beurteilen:
Gärungsessig oder mit Gärungsessig versetzter Essig, der höhere Mengen an Restalkohol als in Abs. 20 lit. a angegeben aufweist.

Verfälschung

36. Als verfälscht sind zu beurteilen:

a) Essig, der weniger als 5 g Gesamtsäure, bzw. Weinessig, der weniger als 6 g Gesamtsäure (berechnet als Essigsäure) pro 100 ml Essig enthält (Untersuchungstoleranz 0,2 %);

b) Essig, dessen Geruch oder Geschmack nicht der Sortenbezeichnung entspricht;

c) Essig, der unter Mitverwendung anderer zulässiger organischer Säuren als Essigsäure hergestellt worden und nicht entsprechend bezeichnet ist;

d) Essig, der größere als technisch unvermeidbare Mengen anorganischer Säuren enthält;

e) Gärungsessig, der nicht durch doppelte Fermentation hergestellt worden ist;

f) Weinessig oder Obstweinessig, der unter Mitverwendung von Rückständen der Wein- bzw. der Obstweindestillation hergestellt worden ist;

g) aus Wein, Obstwein oder Honig hergestellter Essig, bei dem kein Acetoin oder 2,3-Butylenglykol nachweisbar ist;

h) Wein- und Obstweinessig, dem Stoffe zur Extrakt- und Aschegehaltserhöhung zugesetzt wurden;

i) als Gärungsessig bezeichneter Essig, der Säureessig enthält;

j) mit einem Hinweis auf ein bestimmtes Aroma in Verkehr gesetzter Essig, dessen Aroma bei einer Verdünnung bis auf 1 % Gesamtsäure nicht mehr deutlich wahrnehmbar ist oder der mit naturidenten oder künstlichen Aromastoffen aromatisiert worden ist;

k) Essig, in dessen Bezeichnung auf Honig hingewiesen wird und dessen Zuckeranteil nicht zur Gänze aus Honig stammt;

l) Gärungsessig, der den in Abs. 20 lit. b genannten chemischen Anforderungen nicht entspricht;

m) Weinessig, der den in Abs. 21 genannten chemischen Anforderungen nicht entspricht;

n) Wein- und Obstweinessig, der aus nicht den Vorschriften des Weingesetzes entsprechendem Wein hergestellt worden ist, sofern er nicht als verdorben zu beurteilen ist;

o) Obstweinessig, der den in Abs. 22 genannten chemischen Anforderungen nicht entspricht;

p) aus nicht dem Abs. 9 lit. d entsprechendem Weingeist hergestellter Essig;

q) Essigsäure und Säureessig, die den in Abs. 22 genannten chemischen Anforderungen nicht entsprechen;

r) Die gem. Abs. 31 bezeichneten Erzeugnisse, deren Herstellung dem Abs. 15 nicht entsprechen.

Falsche Bezeichnung

37. Als falsch bezeichnet sind zu beurteilen:

a) Als „Essig" allein oder nur mit einer Fantasiebezeichnung bezeichneter Essig (siehe Abs. 24)

b) Essige, die Abs. 25 lit. a–g nicht entsprechen;

c) Verschnitte von Gärungsessig mit Säuressig, deren Bezeichnung die mengenmäßigen Anteile der verschnittenen Essigarten nicht oder unrichtig angibt;

d) Essig, dessen Gehalt an Essigsäure in Prozenten nicht gemäß Abs. 26 angegeben ist;

e) Essig mit Zusätzen gemäß Abs. 14 und 16, dessen Zusätze nicht oder nicht in unmittelbarem Zusammenhang mit der jeweiligen Sachbezeichnung gem. Abs. 27 gekennzeichnet sind;

   f) Essig mit hervorhebender Bezeichnung, der den Anforderungen des Abs. 29 nicht entspricht.

   g) Weinessige und Obstweinessige aus Obst aus biologischem Landbau (Abs. 15), deren Bezeichnungen den Bestimmungen des Abs. 31 nicht entsprechen.

Die Punkte V. Regelung des Verkehrs und VI. Analysenmethoden werden hier nicht genauer ausgeführt.

Fußnoten zu den vorangegangenen Bereichen:

[1] Verordnung über den Zusatz von Farbstoffen zu Lebensmittel und Verzehrprodukten, BGBL. Nr. 279/1979 i.d.g.F.

[2] Verordnung über die Zulassung von Emulgatoren, Stabilisatoren, Verdickungs- und Geliermitteln bei Lebensmitteln und Verzehrprodukten, BGBl.Nr. 309/1988 i.d.g.F.

[3] Verordnung über Konservierungsmittel, BGBl. Nr. 429/1977 i.d.g.F.

[4] Verordnung über den Zusatz von Stoffen mit antioxidierender Wirkung bei Lebensmitteln, BGBl. Nr. 555/1977 i.d.g.F.

[5] OENORM C 3001

[6] Derzeit Weingesetz 1985, BGBl. Nr. 444/1985 i.d.g.F.

[7] Verordnung über künstliche Süßstoffe, BGBl. Nr. 625/1988

[8] als Essigsäure berechnet

[9] Verordnung über den Verkehr mit Essigsäure zu Genußzwecken, BGBl. Nr. 148/1959

GESETZLICHE BESTIMMUNGEN DER SENFBEREITUNG

Der folgende Abschnitt ist ein Auszug aus dem *Österreichischen Lebensmittelbuch* (Codex Alimentarius Austriacus). Das Kapitel *B29* wird hierbei wortwörtlich wiedergegeben.

I. Einleitung

1. Unter Senf (Speisesenf, Mostrich) versteht man eine mehr oder weniger scharf und würzig schmeckende Zubereitung, die aus Senfsamen (Abs. 2) unter Beigabe von Zutaten hergestellt und zum Würzen von Speisen verwendet wird.

II. Beschreibung

Senfsamen

2. Die Beschaffenheit der Senfsamen entspricht den Anforderungen des Codexkapitels B28 „Gewürze und Gewürzextrakte". Die für die Herstellung von Senf verwendeten Senfsamen haben einen Wassergehalt von höchstens 10% und einen Anteil an unreifen Senfsamen oder fremden Samen von höchstens 2 (Gew.)%.

3. Folgende Senfsamen werden bei der Herstellung von Senf eingesetzt:

   a) Weiße (gelbe) Senfsamen (Sinapis alba L.).

      Beim Zerkauen schmecken diese Senfsamen anfangs mild und ölig, erst nach einiger Zeit tritt der charakteristische scharfe Geschmack auf. Der wesentliche Geschmacksträger ist das Glykosid Sinalbin.

b) Schwarze (braune) Senfsamen (Brassica nigra L. Koch), Sareptasenf (Brassica juncea L. Czern. et Coss.). Der charakteristische geschmackgebende Inhaltsstoff ist das scharf schmeckende und stechend riechende Allylsenföl.

Senf

4. Nach dem Bordeaux-(Deutschen-)Verfahren werden nicht entölte Senfsamen von Fremdbestandteilen befreit, je nach Senfsorte verschiedene Arten von Senfsamen gemischt, nachher geschrotet oder gequetscht und anschließend unter Zugabe von Wasser, Essig (Gärungs- oder Säureessig), Kochsalz und gegebenenfalls Zucker oder Zuckerarten und geschmackgebenden Zutaten eingemaischt und vermahlen.

5. Nach dem Dijon-Verfahren werden nicht entölte schwarze (braune) Senfsamen oder nicht entölte Samen von Sareptasenf mit Gärungsessig vorgequollen, aufgebrochen und durch Passieren von Schalenteilen befreit und nach dem Versetzen mit Kochsalz und geschmackgebenden Zutaten einem Reifeprozeß unterzogen. „Dijonsenf" ist von charakteristisch hellgelber Farbe, der Geschmack ist sehr scharf und deutlich salzig.

6. Zur Erreichung bestimmter Geschmacksrichtungen werden geschmackgebende Zutaten eingesetzt, wie Kren, Zwiebel, andere Gemüse, Gewürze und gewürzhafte Kräuter sowie deren Extrakte, Speisewürzen und Wein.

7. Senf darf gefärbt werden[1].

8. Um einer Entmischung entgegenzuwirken, können Stabilisatoren[4] eingesetzt werden. Verdickend wirkende Lebensmittel, wie Quellstärken, Quellmehle oder Sojamehl, werden nicht verwendet.

9. Folgende Zusatzstoffe werden nicht verwendet: Konservierungsmittel[2], Antioxidantien[3], Emulgatoren, Verdickungs- oder Geliermittel[4], künstliche Süßstoffe[5], Aromen (Abs. 6 bleibt unberührt).

10. Estragonsenf: Bei der Herstellung von Estragonsenf werden entölte Senfsamen nicht verwendet. Estragonsenf wird überwiegend aus weißen (gelben) Senfsamen erzeugt. Durch Feinvermahlung wird eine glatte, pastöse Konsistenz erreicht. Der Geschmack ist arteigen, charakteristisch aromatisch, würzig, mäßig scharf, säuerlich und leicht salzig. Der Geruch ist würzig, aromatisch, essigsauer.

11. Kremsersenf: Beim Vorquellen der nicht entölten Senfsamen wird Gärungsessig mit einem überwiegenden Anteil an Weinessig verwendet. Kremsersenf wird aus grob vermahlenen Senfsamen hergestellt, bei dem deutlich insbesondere die dunklen Schalenteile der Senfsamen zu erkennen sind. Der Geschmack ist süßlich, mild und würzig.

12. Sonstige Senfsorten: Zur Erreichung bestimmter Geschmacksrichtungen werden geschmackgebende Zutaten eingesetzt, wie Kren, Zwiebel, andere Gemüse, Gewürze und gewürzhafte Kräuter und Wein (Abs. 6). Die für eine Ware gemäß ihrer Bezeichnung charakteristische Geschmacksrichtung ergibt sich aus den jeweiligen Zutaten.

III. Chemisch-analytische Anforderungen

13. Trockensubstanz	Estragonsenf	Kremsersenf	Dijonsenf
mindestens	20%	31%	–
Fettgehalt mindestens	5%	5%	8%
Gesamtzucker mindestens	–	14%	–
Trockensubstanz kochsalz- und zuckerfrei[6]			
mindestens	14%	14%	22%
pH-Wert höchstens	4,0	4,0	–
Asche	2,5–3,5%	–	–
Asche kochsalzfrei	0,8–1,3%	0,9–1,2%	–

14. Ein besonders hervortretender Geschmack wird in der Sachbezeichnung zum Ausdruck gebracht, wie „Zwiebelsenf", „Kremsersenf", „Chilisenf".

15. Hinweise, wie „englisch", „scharf" oder „feurig" werden nur dann verwendet, wenn die Schärfe (Grundschärfe) des Senfes aus den Senfsamen stammt. Wird in der Sachbezeichnung auf scharf schmeckende Gewürze (wie „Chilisenf") hingewiesen, so trägt das Gewürz nur einen Anteil an der Gesamtschärfe.

16. Bezeichnungen wie „süßer" oder „Kremser..." (Abs. 11) werden nur dann verwendet, wenn der spezifische Geschmack durch den Zusatz von Zucker oder Zuckerarten bewirkt wird.

17. Hinweise wie „natürlich" oder „biologisch[7] werden nicht verwendet.

V. Beurteilung

Allgemeine Beurteilungshinweise

18. Aus der Vielzahl der möglichen Anlässe zu Beanstandungen werden in den folgenden Absätzen solche herausgestellt, die für Waren dieses Kapitels typisch sind. Bei der Beurteilung sind jedoch auch die allgemeinen Beurteilungsgrundsätze des Codexkapitels A3 heranzuziehen.

Gesundheitsschädlichkeit

19. Als gesundheitsschädlich ist Senf zu beurteilen, der
   a) kraß ekelerregend ist;
   b) gesundheitsschädliche Pflanzenteile enthält.

Verdorbenheit

20. Als verdorben ist Senf zu beurteilen, der
   a) aus verdorbenen (z.B. muffigen, ranzigen) Senfsamen hergestellt wurde;
   b) abwegiges Aussehen oder wesentliche Geruchs- oder Geschmacksfehler aufweist (z.B. Verfärbung, Abtrocknung, Fremdgeruch, bitterer Geschmack);
   c) schimmelig oder gärig ist, so daß die bestimmungsgemäße Verwendbarkeit wesentlich vermindert oder ausgeschlossen ist.

Verfälschung

21. Als verfälscht ist Senf zu beurteilen,
   a) bei dessen Herstellung Senfsamen mit einem 2% übersteigenden Anteil an unreifen Senfsamen oder fremden Samen verwendet wurden;

b) der den in Abs. 13 angeführten chemisch-analytischen Anforderungen (ausgenommen pH-Wert) nicht entspricht;

c) dem Senföl zugesetzt wurde;

d) der wertbestimmende Zutaten, die aufgrund seiner Bezeichnung zu erwarten sind, nicht in ausreichendem (geschmackgebendem) Ausmaß enthält;

e) dessen besondere Schärfe, die aufgrund von Hinweisen wie „englisch", „scharf" oder feurig zu erwarten ist, nicht aus Senfsamen stammt;

f) dessen Geschmack, der aufgrund der Bezeichnung „süßer Senf" oder „Kremsersenf" zu erwarten ist, nicht durch den Zusatz von Zucker oder Zuckerarten bewirkt wird;

g) der die in Abs. 8, zweiter Satz, verdickend wirkenden Lebensmittel enthält;

h) der unter Verwendung entölter Senfsamen hergestellt wurde.

Falsche Bezeichnung

22. Als falsch bezeichnet ist Senf zu beurteilen, dessen Bezeichnung einen geographischen Ausdruck in Verbindung mit dem Wort „echt", „original" oder gleichsinnig enthält, ohne aus dem bezeichneten Ort oder Land zu stammen.

VI. Regelung des Verkehrs

23. Senf ist nach Möglichkeit kühl, jedoch frostsicher, Senf in Gläsern zudem lichtgeschützt, zu lagern.

24. Bei kühler Lagerung beträgt die Mindesthaltbarkeit für Senf in Metalltuben 12 Monate, in sonstigen Packungen 9 Monate.

LITERATURVERZEICHNIS

CAVAZZUTI V.: Aceto Balsamico, Verlag Th. Knaur Nachf., München 1995

EBNER H.: Essig, in Ullmanns Encyklopädie der technischen Chemie, 4. Auflage, Band 11, 41–55. Verlag Chemie, Weinheim 1976

GEISS H. M. K.: Essig Brevier, Ehrenwirth Verlag GmbH, München 1991

GIPS K.: Alles Wissenswerte über Essig, Verlag Numa 1995

HAESELER G.: Essig, in Ullmanns Encyklopädie der technischen Chemie, 3. Auflage, Band 6, 761–777. Verlag Urban und Schwarzenberg, München–Berlin 1955

KLEMER A.: Senfölglucoside, Handbuch der Lebensmittelchemie, 1. Band, Verlag Springer

LANGHAUS E. und SCHLOTTER H .A.: Wie stellt man Weinessig her?, Weinwirtschaft Technik Nr. 8/1992

LEBENSMITTELKENNZEICHNUNGSVERORDNUNG 1993, 72. Verordnung, Bundesgesetzblatt vom 29. Jänner 1993, Wien 1993

ÖSTERREICHISCHES LEBENSMITTELBUCH: Codex Alimentarius Austriacus, Verlag Brüder Hollinek, Wien

SLAMA S.: Mikroflora von Senf und Senfbestandteilen und ihre Auswirkungen auf die Produktqualität, Wien 1992

STAESCHE K.: Senf, Handbuch der Lebensmittelchemie, 6. Band, Verlag Springer

THACKER E: Das große Buch vom Essig, Verlag Reuille, Versoix 1995

WÜSTENFELD H.: Lehrbuch der Essigfabrikation, Verlag Paul Parey, Berlin 1930

Edle Verpackungen
für Ihre Produkte!

Ideal für ab Hof-Vermarkter
und Hobbyerzeuger.

THEODOR MÜLLER GMBH

2464 Göttlesbrunn-Arbesthal
Telefon (0 21 62) 82 51
Fax (0 21 62) 82 63

Der Fachmarkt für
Flaschen, Glasballons,
Verschlüsse, Holzkassetten,
Kartonagen, Siegellacke,
Holzwolle.

1000 Geschenksideen
nur 15 Minuten von Wien,
Richtung Flughafen.

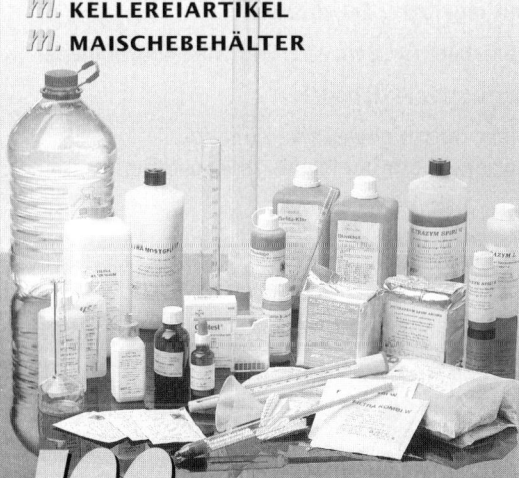

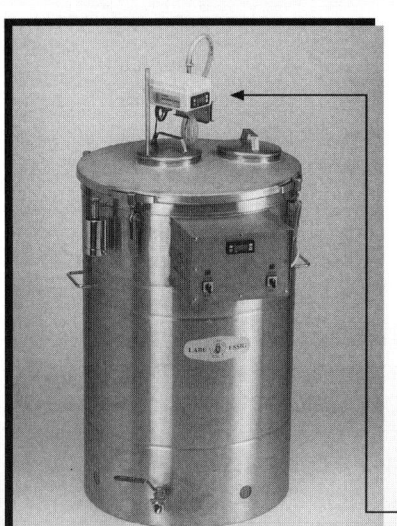